**Prince Kevin Nyam A Ngon
Elisée Salatou**

Aventura zentyal

Prince Kevin Nyam A Ngon
Elisée Salatou

Aventura zentyal

ScienciaScripts

Imprint

Any brand names and product names mentioned in this book are subject to trademark, brand or patent protection and are trademarks or registered trademarks of their respective holders. The use of brand names, product names, common names, trade names, product descriptions etc. even without a particular marking in this work is in no way to be construed to mean that such names may be regarded as unrestricted in respect of trademark and brand protection legislation and could thus be used by anyone.

Cover image: www.ingimage.com

This book is a translation from the original published under ISBN 978-620-2-27514-9.

Publisher:
Sciencia Scripts
is a trademark of
Dodo Books Indian Ocean Ltd. and OmniScriptum S.R.L publishing group

120 High Road, East Finchley, London, N2 9ED, United Kingdom
Str. Armeneasca 28/1, office 1, Chisinau MD-2012, Republic of Moldova, Europe
Printed at: see last page
ISBN: 978-620-5-81849-7

AGRADECIMENTOS

No final do nosso curso, gostaríamos de expressar a nossa profunda gratidão a todos aqueles que contribuíram para a sua realização.

Os nossos agradecimentos especiais vão para :

-1- **Sr. Ngoula Meiguida** Hyppolite, Director dos Assuntos Administrativos e Financeiros do Hospital Protestante de Ngaoundéré, que nos concedeu o estágio;

-2- **Sr. ADAMOU Dieudonné**, meu supervisor industrial, pelas suas observações e acompanhamento ao longo dos três anos do curso;

-3- **Ing ALI AHMED**, Director do Instituto Universitário de Tecnologia de Ngaoundéré, pela motivação e espírito de criatividade que ele me traz;

-4- **Dr. YENKE Blaise Omer**, Chefe do Departamento de Informática do Institut Universitaire de Technologiede Ngaoundéré para aconselhamento e apoio.

encorajamento dado ao longo da nossa formação;

-5- **Sr. NDAMNJOYA** Arouna, Professor no Instituto Universitário de

Tecnologia de Ngaoundéré, pelo seu acompanhamento no nosso curso de formação;

-6- **Sr. DANBGE Ezekiel**, Professor no Instituto Universitário de Tecnologia de Ngaoundéré, meu supervisor académico, pelo seu acompanhamento do nosso estágio.

-7- **Sr. DIBAMOU CYRILLE**, pela sua orientação e acompanhamento na elaboração do presente relatório;

-8- Aos meus pais, pelo seu amor, pelos seus conselhos, pelo seu apoio constante, mas sobretudo por todos os sacrifícios que fizeram pelo meu sucesso;

-9- Os meus irmãos e irmãs pelo seu apoio, participação e encorajamento;

-10- A todos os meus licenciados GIN da IUT de Ngaoundéré ;

-11- Aos meus amigos que participaram na redacção desta tese.

APRESENTAÇÃO DA EMPRESA

1. História e desenvolvimento

O Hospital Protestante de Ngaoundéré (HPN), mais conhecido como o "Hospital Norueguês" no extremo Norte, pertence à família da Obra de Saúde da Igreja Evangélica Luterana dos Camarões (OSEELC). Tudo começou em 1931 com a chegada a Ngaoundéré da família do Pastor Endressen, que tinha uma enfermeira como esposa, e imediatamente nasceu um trabalho médico que consistia em visitar e tratar os doentes. Devido ao número crescente de doentes, ela candidatou-se à missão de construir uma ala hospitalar. Ela também iniciou um programa de educação sanitária nos bairros. Infelizmente, foi atingida por uma doença durante três anos e em 1938 retomou as suas funções na dispensa com entusiasmo renovado. A sua principal preocupação nas suas orações foi a criação de um hospital em Ngaoundéré. Esta oração foi respondida quando a Norske Misjonsselskap (NMS) reforçou o seu trabalho enviando o Dr. Brent Sigurd Bjaanes em Fevereiro de 1947. Um ano mais tarde, o enfermeiro John Fosse foi também enviado. O pessoal, composto pelas pessoas acima mencionadas e outras que viriam mais tarde, começou a criar seriamente um centro hospitalar. Os recursos financeiros dos vários parceiros envolvidos no projecto tornaram possível a construção de edifícios hospitalares. O início efectivo das actividades foi feito no dispensário de Ngaoundéré em 1948. O trabalho do Hospital Protestante começou em Janeiro de 1954. A construção continuou durante anos, tendo sido concluída em 1960.

2. Localização geográfica

A HPN está localizada na Região de Adamaoua, Departamento da VINA, Ngaoundéré 1st Arrondissement, numa posição geográfica favorável devido à sua via de comunicação e fácil acesso.

Do centro da cidade e atravessando algumas das principais estradas e encruzilhadas, chega-se à HPN localizada no Bairro da Noruega. É delimitada por :

> No Norte, junto ao distrito de Ndelbé;

> Ao sul, pelo distrito do Burkina;

> Para Leste pelos distritos de Mbideng e Gamabara II.

Como se mostra no Anexo 1

A HPN responde aos seguintes endereços:

BP : 06 Ngaoundéré

Tel: 222 17 45 04 / 222 19 04 40

E-mail: Hopitalprotestant@yahoo.fr

3. Organização administrativa

Classificado como um hospital distrital, o Hospital Protestante opera no sector privado e visa prestar assistência à população no domínio da saúde.

Desde o seu órgão de decisão até aos órgãos de execução, o Hospital Protestante tem cerca de 215 funcionários distribuídos proporcionalmente em 24 departamentos diferentes, nomeadamente: maternidade, pediatria, bloco operatório, medicina, cirurgia, dispensário, imagiologia médica, caixa, farmácia, centro de tratamento aprovado ou CTA para pacientes com tuberculose, MCH, laboratório, serviços de emergência, reanimação, unidade de PVCHS, homeomics, unidade de cuidados paliativos, assuntos sociais, manutenção biomédica, estatística, fisioterapia, administração, departamento de TI, departamento de manutenção.

4. Organograma

A OSEECL é chefiada por um director, assistido por um director médico e um director administrativo, ambos com uma secretária. Cada director é assistido pelo seu pessoal técnico, como mostra a figura no Anexo 2.

LISTA DE ABREVIATURAS

IP: Protocolo Internet

DNS: Servidor de Nome de Domínio ou Sistema de Nome de Domínio

DHCP: Protocolo de Configuração Dinâmica do Anfitrião

IMAP: Protocolo de Acesso a Mensagens da Internet

FTP: Protocolo de transferência de ficheiros

NTP: Protocolo de Tempo de Rede

VOIP: Voz sobre Protocolo Internet

HTTP(S): Protocolo de Transferência de Hipertexto (Seguro)

LDAP: Lightweight Directory Access Protocol

LAN: Rede Local

WAN: Rede de área ampla

BSD: Distribuição de Software Berkeley

LVM: gestão lógica de volume

CD: Disco compacto

DMZ: zona desmilitarizada

UDP: Protocolo de Datagramas de Utilizador

URL: *Uniform Resource Locator*

TCP: Protocolo de Controlo de Transmissão

SÍNTESE

Um administrador de rede é uma pessoa responsável pela gestão da rede, ou seja, pela gestão das contas de utilizador e das máquinas na rede informática de uma empresa. Isto pode incluir hubs, switches, routers, modems, firewalls, proxies, conectividade à Internet, redes privadas virtuais (VPNs). O administrador da rede é por vezes também um administrador de sistemas, caso em que também gere as estações de trabalho e os servidores da empresa. A rede informática do Hôpital Protestant de Ngaoundéré é gerida manualmente e tem algumas deficiências, tais como um servidor proxy para filtros de acesso à Internet, um servidor de tempo para que todas as máquinas sejam sincronizadas ao mesmo tempo, e mensagens instantâneas. A fim de ultrapassar estes problemas, foi realizado um estudo cuidadoso para criar um servidor de administração para pequenas e médias empresas. A nossa escolha baseia-se no Zentyal, que oferece serviços eficientes e fáceis de implementar.

INTRODUÇÃO GERAL

O equipamento informático do Hospital Protestante de Ngaoundéré possui um número significativo de ferramentas informáticas de todos os tipos, enumeradas no Anexo 3, que devem ser conhecidas, e cuja evolução deve ser monitorizada e controlada. A gestão da largura de banda é mal gerida, o proxy está ausente para impedir a descarga de ficheiros pesados, uma firewall não é suficientemente robusta para proteger a informação, e não existe DMZ no caso de um hacker estar ligado à rede. Por conseguinte, o Hospital Protestante Ngaoundéré precisa de pôr em prática uma solução de administração para a gestão do seu equipamento informático.

O objectivo do nosso estágio, dentro do Hospital Protestante de Ngaoundéré, era propor uma solução informática capaz de administrar o seu equipamento informático. Para assegurar a qualidade do sistema a criar, **Zentyal** foi utilizado como servidor de administração, propondo os serviços necessários para preencher as lacunas no hospital e para assegurar a informação do hospital

No final do nosso estágio, propusemos um servidor de administração para pequenas e médias empresas que tem as seguintes funcionalidades: serviço DHCP, DNS, servidor WEB, servidor Time, servidor Proxy, anti-vírus, correio electrónico, servidor FTP, QOS, backup, sistema de detecção de intrusão.

O resto deste relatório está organizado da seguinte forma: Capítulo 1 Auditoria da rede informática do hospital, depois o Capítulo 2 apresentará Ferramentas de Administração de Rede com Zentyal como solução, finalmente o Capítulo 3 é dedicado à Instalação, Configurações de Zentyal no hospital. A conclusão encerra este relatório.

Capítulo 1: Estudo da rede

1.1- Auditoria de rede

1.1.1- Definição

Uma auditoria da rede informática visa estabelecer um mapa preciso da rede informática de uma empresa. Hardware, cablagem, software e equipamento de interconexão são testados e analisados para gerar relatórios de desempenho. A ideia é assegurar que a rede é optimizada para os processos comerciais da empresa e que cumpre o nível de qualidade requerido para o seu sistema de informação. Para realizar uma auditoria, o prestador de serviços independente, ou a pessoa comissionada internamente, elabora um inventário e estabelece recomendações para melhorar a rede da empresa.

1.1.2- Objectivos

Uma empresa solicita uma auditoria da sua rede informática em dois casos.

1.1.2.1-Prevenção

A empresa faz regularmente um balanço da sua rede a fim de identificar pontos fracos, possibilidades de melhoria e optimização futura. Assim, a auditoria torna possível :

> verificar se a rede está de acordo com as actividades da empresa,

> antecipar os investimentos a realizar para melhorar o desempenho do seu sistema de informação,

> verificar a segurança da rede.

1.1.2.2-Reparo

A empresa sofreu uma deterioração no desempenho do seu sistema de informação. Decide realizar uma auditoria à sua rede informática para descobrir a causa e melhorar a eficiência da empresa.

1.1.3- Método

A função do auditor da rede será verificar a eficácia da rede nas actividades da empresa e informar sobre os riscos que podem afectar o sistema de informação. Se o hardware e os componentes lógicos forem analisados, o auditor também terá em conta os utilizadores na sua gestão da rede. Em particular, o auditor analisa :

> a cobertura das necessidades,

> métodos de utilização da rede,

> o desempenho do equipamento de rede,

> velocidades de rede e largura de banda,

> a topologia da rede.

1.1.4-Tools

O auditor utiliza uma série de ferramentas para analisar a rede:

1.1.4.1- scanners de vulnerabilidade

Para identificar o número de falhas presentes na rede, utilizámos o software X-Scan que é

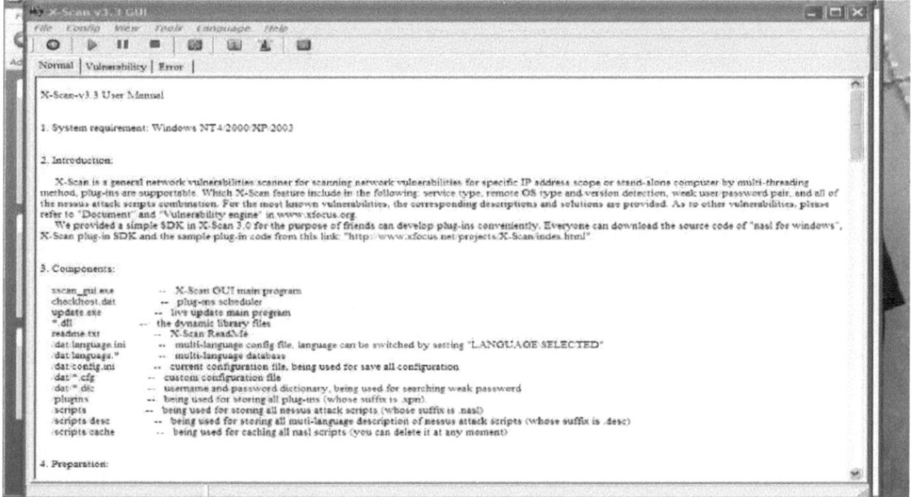

Figura 1: Interface X-Scan

Para bons resultados em termos de vulnerabilidade, é importante configurá-lo

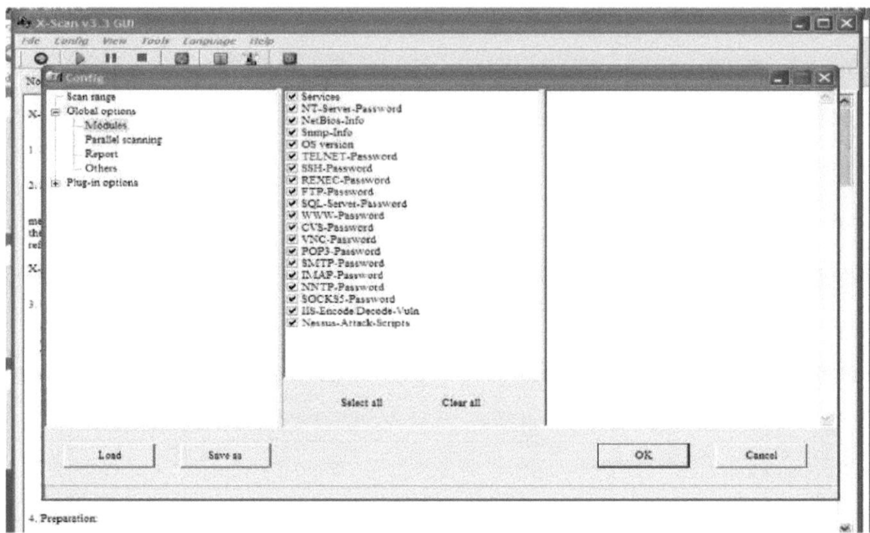

Figura 2: Módulo de digitalização

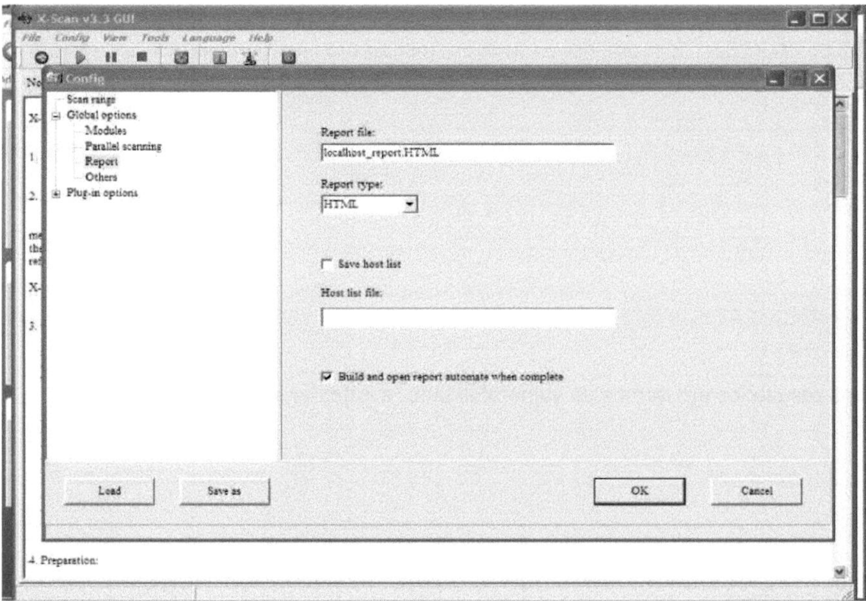

Figura 3: Extensão do relatório de vulnerabilidade

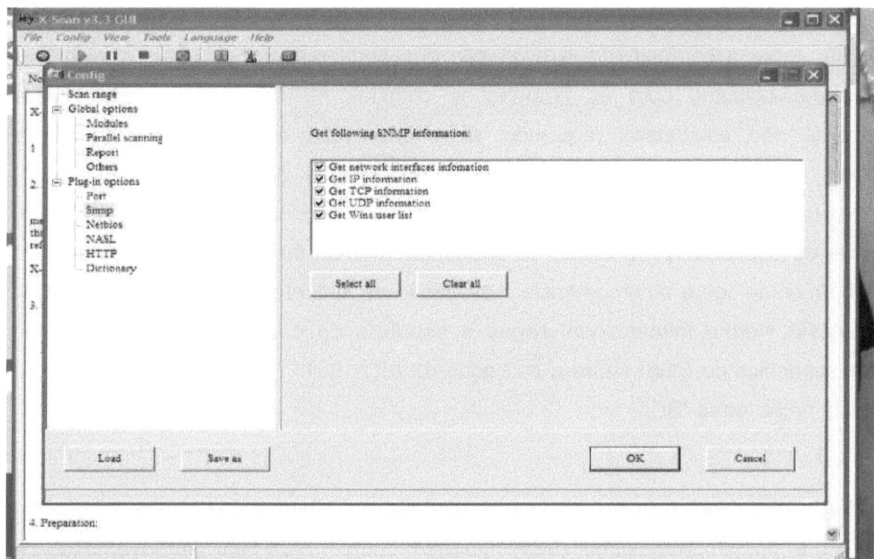

Figura 4: Selecção dos portos a utilizar

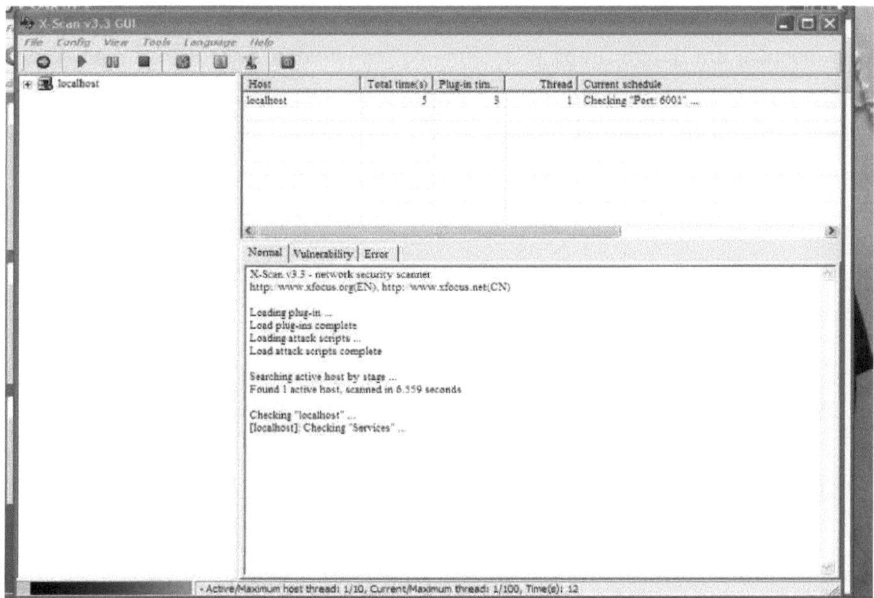

Figura 5: Iniciar o scan

1.1.4.2- normas como a ISO 27007 sobre segurança da informação

Esta Norma Internacional fornece orientações sobre a gestão de um programa de auditoria do Sistema de Gestão da Segurança da Informação (SGSI) e a realização de auditorias internas ou externas em conformidade com a ISO/IEC 27001:2005, bem como orientações sobre a competência e avaliação dos auditores do SGSI, que devem ser utilizadas em conjunto com as orientações contidas na ISO 19011. Esta Norma Internacional não estabelece requisitos. Esta orientação é destinada a todos os utilizadores, incluindo organizações de pequena e média dimensão. A ISO 19011, *Directrizes para a auditoria de sistemas de gestão* fornece orientação sobre a gestão de programas de auditoria, a realização de auditorias internas ou externas de sistemas de gestão, bem como sobre a competência e avaliação de auditores de sistemas de gestão. O texto desta Norma Internacional segue a estrutura da ISO 19011, e a orientação adicional específica do SGSI sobre a aplicação da ISO 19011 para auditorias do SGSI é identificada pelas letras "SI".

1.1.4.3- *métodos de auditoria utilizados numa auditoria informática (COBIT)*

O CobiT (Control Objectives for Information and related Technology) é uma ferramenta federativa que permite estabelecer uma linguagem comum para falar da Governação de Sistemas de Informação enquanto se tenta integrar outros sistemas de referência, tais como o ISO 9000. O CobiT é uma abordagem orientada para processos, que agrupa 34 processos distintos em quatro áreas (planeamento, construção, execução e metrologia, por analogia com a Roda Deming), compreendendo um total de 215 actividades e um número ainda maior de "práticas de controlo". Uma componente de "avaliação de sistemas de informação", conhecida como Val IT, tenta complementar esta abordagem.

1.1.4.4- *Arquitectura de rede*

Depois de estudar a rede, o Hospital Protestante Ngaoundéré dispõe de uma rede cuja arquitectura é apresentada abaixo

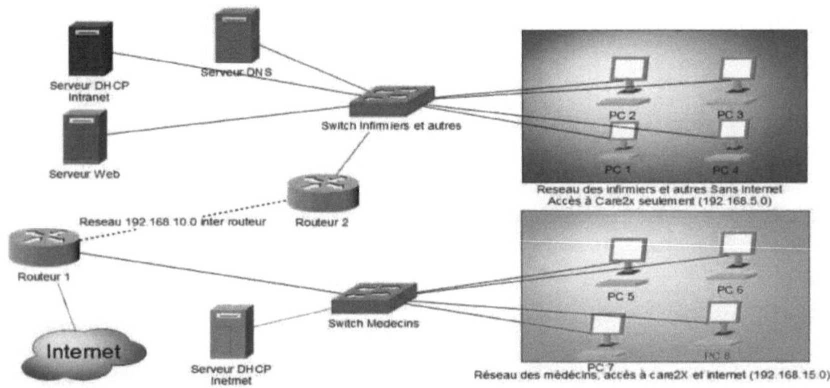

Figura 6: Arquitectura de rede

Esta arquitectura está sujeita a vários problemas, incluindo a presença de vários servidores. Com Zentyal, teremos um único servidor que irá substituir todos os outros - uma breve visão geral é dada no Apêndice 4 intitulado Proposta de Arquitectura de Rede.

1.2- descoberta de problemas

No final da nossa auditoria, identificámos uma série de vulnerabilidades que precisam de ser abordadas urgentemente

1.2.1- O servidor proxy

O servidor proxy de uma empresa permite filtrar os pacotes que entram e saem da nossa rede, o que permite restringir a informação aos utilizadores da nossa rede.

1.2.2- Mensagens instantâneas

O Hospital Protestante Ngaoundéré, sendo uma pequena e média empresa com vários edifícios a seu crédito, encontra-se a passar tempo de um edifício para outro para transmitir informação, e se houvesse um servidor de correio, seria mais fácil.

1.2.3- O servidor de tempo

Com os servidores de produção em funcionamento no hospital, seria melhor sincronizar a hora de cada máquina cliente com o servidor de tempo para que todas estas máquinas tenham o mesmo tempo.

2.1- Comparação e apresentação de ferramentas semelhantes

2.1.1- Zentyal: é mais do que uma simples distribuição de firewall.

Zentyal (antiga eBox-Platform) não é declarada como uma distribuição de firewall pelos seus criadores, mas sim como "Linux Small Business Server" e encaixa na sua descrição. Como é baseado no Ubuntu Server, a instalação no seu sistema é muito semelhante a uma instalação normal do Ubuntu. Pode também instalar os vários componentes do Zentyal numa versão genérica do Ubuntu LTS simplesmente adicionando um repositório APT e instalando alguns pacotes. Isto é útil se já tiver um PC onde o Ubuntu esteja instalado, ou se precisar de algumas partes da plataforma eBox (rede eBox e eBoxfirewall, por exemplo). Isto porque o Zentyal foi construído em torno do kernel do Ubuntu Server e utiliza os seus componentes internos. Uma vez instalado, inicie sessão no Zentyal com o seu navegador, utilizando a palavra-passe que forneceu durante a instalação. Nesta fase, pode parecer demasiado complexo devido ao grande número de opções oferecidas pelo Zentyal. Mas uma vez encontrado o ecrã da firewall, a configuração é simples. Zentyal é uma das maiores distribuições de firewall a ser testada em termos de tamanho de download, devido aos muitos pacotes de características, incluindo bases de dados e servidores SIP. Tem uma interface demasiado complexa e demasiadas opções se o que procuramos é apenas uma firewall de segurança e nada mais. Tem uma *classificação de **9/10***

2.1.2- ClearOS: Distribuição que combina facilidade de utilização com funcionalidade.

ClearOS é de longe a distribuição de firewall mais elegante na sua interface web. Ao mesmo tempo, tem uma configuração simples. A maioria das distribuições de firewall traz uma configuração enfadonha e sempre focada aos administradores com conhecimentos profundos. Por outro lado, o ClearOS está mais concentrado em computadores que não estão interessados em testar com o software e tudo o que precisam é de uma boa firewall que funcione e não apresente muitas dores de cabeça. **ClearOS** não demora mais do que 15 minutos a instalar num processo simples. Tem um grande número de pacotes para instalar funcionalidades adicionais de rede na firewall. Funciona com iptables. No geral, **ClearOS** é uma distribuição poderosa, apoiada por um excelente suporte, que lhe dá as ferramentas necessárias para gerir a sua rede e a capacidade de ampliar ainda mais a funcionalidade para se adaptar às suas necessidades específicas. Tem uma **classificação de** 8/10

2.1.3- IPCop: uma distribuição baseada numa codificação por cores versátil e rápida.

Esta distribuição tem sido considerada por muitos como "The Killer Smoothwall". É um derivado do Smoothwall Express. Tal como o Smoothwall, **o IPCop** usa cores para representar diferentes ligações. O verde é para LAN, rede internet, laranja para DMZ e azul para separar clientes sem fios. De facto, o **IPCop** é um garfo Smoothwall, pelo que provavelmente encontrará muitas semelhanças entre os dois. **O IPCop** separou-se de Smoothwall em 2002, e tem vindo a crescer desde então. A instalação é simples e fácil de seguir, mas com perguntas enganosas que podem confundir o utilizador principiante. Aceitar as configurações padrão não é problema (a menos que se tenha uma configuração de rede estranha). A interface web do **IPCop** é simples e um pouco difícil. Contudo, para além dos gráficos "em tempo real" que o Smoothwall fornece, **o IPCop** fornece muito mais informações sobre as configurações Wi-Fi e o funcionamento da própria firewall, incluindo uma lista de ligações abertas. Também fornece uma "cache proxy" para que se possa fazer cache de páginas frequentemente acedidas localmente. Fornece um acesso mais ágil à Internet. **O IPCop** faz um bom trabalho como firewall, fornecendo muita informação sobre o tráfego de rede, e embora não seja a distribuição mais bonita do mundo, faz o que foi concebido para fazer. Distribuição em declínio. Sem actualizações actuais. Tem uma classificação *de* **7/10**

2.1.4- Monowall: uma das distribuições mais leves de firewall.

Monowall é uma firewall baseada em BSD concebida para funcionar com um cartão de memória de 16 MB e tem o menor tamanho de qualquer firewall que tenha sido testado. Por esta razão, **o Monowall** fornece apenas as funções básicas de uma firewall. No entanto, por ser tão pequena, é uma distribuição bastante interessante. **Monowall** começa directamente a partir do menu de configuração. Primeiro, precisamos de configurar as interfaces de rede com a funcionalidade "Auto Detect" do **Monowall**, que lhe permite atribuir uma interface LAN/WAN, detectando se o cabo está ou não ligado. **O Monowall** tem a vantagem de ser um dos poucos servidores de segurança que fornece encaminhamento de Qualidade de Serviço (QoS) por defeito, o que lhe permite dar prioridade a certos tipos de pacotes. Isto é útil se quiser utilizar VoIP. Depois de ter mapeado as suas interfaces de rede, pode definir uma palavra-chave para o sistema WebGUI, o que lhe permite configurar o resto da firewall através da interface web. Sendo um sistema baseado em BSD, alguns dos termos podem parecer confusos no início, mas depois de alguma pesquisa na web torna-se um processo simples. Embora **Monowall** seja uma pequena distribuição de firewall, a segurança não é comprometida. Tem uma *classificação de* **Nota:** 7/10

2.2- Zentyal, a melhor solução de administração

A construção de servidores é o forte do Linux, mas a implantação e configuração de um servidor é um processo envolvido. É aqui que distribuições como Zentyal poupam tempo e simplificam o processo com a sua interface "point-and-click" para a implantação de serviços de rede.

Com uma interface gráfica intuitiva para facilitar a instalação, pode ter um servidor funcional numa fracção do tempo que levaria a configurar um à mão. A distribuição tem uma baixa barreira à entrada e uma lista impressionante de servidores suportados.

Zentyal 5.0 é baseado na versão do servidor Ubuntu LTS 16.04. Tal como um lançamento incremental regular, além de uma base mais recente, também apresenta as últimas versões de vários componentes essenciais, tais como o servidor Samba e o servidor de groupware SOGo.

Para além dos componentes e repositórios, Zentyal também toma emprestado o instalador do Ubuntu. Após a instalação, o Zentyal começa num ambiente de trabalho gráfico mínimo. No entanto, pode instalá-lo num servidor sem cabeça e configurá-lo a partir de uma interface baseada num browser que pode aceder a partir de qualquer computador na mesma rede que o servidor Zentyal.

Ao aceder pela primeira vez à interface de administração baseada no browser, ser-lhe-á apresentado um breve processo de configuração para instalar e configurar os vários componentes do servidor de acordo com as suas necessidades. Pode saltar esta instalação em segurança neste ponto e configurar os componentes mais tarde.

2.3- Descrição

Mais de 50.000 instalações Zentyal em pequenas e médias empresas em todo o mundo confirmam a necessidade de soluções informáticas "tudo-em-um" fáceis de utilizar e acessíveis. Zentyal permite a gestão de todas as infra-estruturas TI de pequenas empresas, do servidor à nuvem, através de uma interface gráfica fácil de utilizar. A gestão centralizada de utilizadores e grupos, independentemente dos serviços de rede necessários ou da localização de escritórios individuais, oferece poupanças de tempo significativas e ajuda a evitar erros de configuração, assegurando a máxima disponibilidade do sistema. As soluções Zentyal foram especificamente concebidas para satisfazer as necessidades das pequenas e médias empresas e dos seus fornecedores locais de TI. Em tais ambientes, onde existe uma procura crescente de TI mas os orçamentos são apertados, as soluções Zentyal são muito competitivas, uma vez que oferecem todas as características necessárias, ao mesmo tempo que requerem pouco tempo para serem implantadas e mantidas. Porquê continuar a pagar elevadas taxas de licença de software? As soluções baseadas em Zentyal estão disponíveis como um serviço, por uma taxa mensal acessível incluindo suporte técnico ilimitado e todas as actualizações de software e segurança.

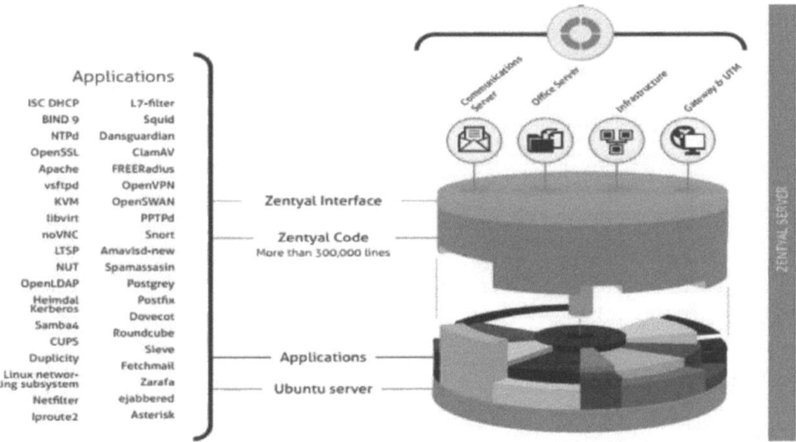

Figura 7: Os componentes de Zentyal

			Small Business Edition Maximum 25 users	Enterprise Edition Unlimited users
ZENTYAL REMOTE	Secure Remote Access	Zentyal servers	✓	✓
		Windows, Linux & Mac desktops	5 included	25 included
		Through VPN tunnels	✓	✓
	Technical Support	Official Canonical-Ubuntu support	✓	✓
		Support wizards	✓	✓
		Knowledge base	✓	✓
		Support platform	SLA: next business day	SLA: 4 hours
	Software Management	Software and security updates	✓	✓
		Management of additional packages and services	✓	✓
		Run jobs	✓	✓
	Monitoring	Hardware	✓	✓
		Network activity	✓	✓
		Service status	✓	✓
		Internet usage	✓	✓
	Inventory	Servers and desktops	✓	✓
		Hardware and software	✓	✓
	Alerts & Reports	Hardware performance	✓	✓
		System security and performance	✓	✓
		File sharing	✓	✓
		Usage of printers, Internet & VPNs	✓	✓
		Backup, proxy HTTP, IDS & mail activity	✓	✓
		Network availability	✓	✓

Figura 8:Comando Zentyal

ZENTYAL SERVER			
Communications Server	Mail server	Communications Add-on available	✓
	Outlook connector		Available
	Synchronization with mobile devices		✓
	Groupware		✓
	Instant Messaging server		✓
	VoIP server		✓
Office Server	LDAP Directory server	✓	✓
	Compatibility with Active Directory	✓	✓
	File sharing & domain services	✓	✓
	Printer sharing	✓	✓
	Backup and Disaster Recovery	5GB included	10GB included
Network Infrastructure	DHCP, DNS & NTP server	✓	✓
	Certification Authority	✓	✓
	Web server and FTP server	✓	✓
	VM management	✓	✓
	Thin Clients	✓	✓
	UPS management	✓	✓
Gateway & UTM	Configurable network interfaces	✓	✓
	Advanced firewall & routing	✓	✓
	Traffic Shaping & QoS	✓	✓
	Advanced HTTP proxy	✓	✓
	Captive Portal & RADIUS	✓	✓
	Virtual Private Network	✓	✓
	Intrusion Detection System	✓	✓
	Mail filter	✓	✓

Figura 9: Zentyal Server e as suas características

3.1- Instalação

3.1.1-A instalação propriamente dita

Para instalar o Zentyal, precisamos de ter um certo número de equipamento para apoiar as nossas infra-estruturas. Para este efeito, é apresentada uma lista exaustiva no Apêndice 5. O programa de instalação do Zentyal baseia-se no programa de instalação do servidor Ubuntu 12.04 LTS. Aqueles que já conhecem este instalador acharão o processo de instalação muito semelhante. Para começar, escolhemos a língua de instalação, neste exemplo, é escolhido o francês.

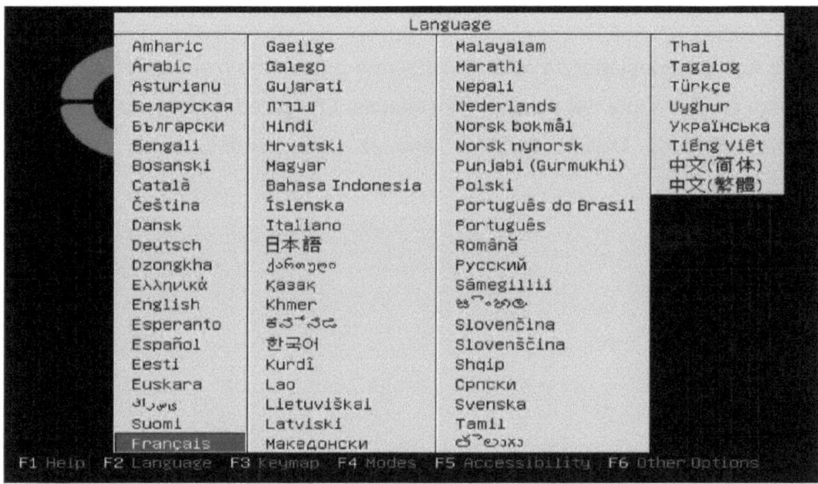

Figura 10: Selecção do idioma do passo 1 da instalação

Podemos instalar zentyal usando o modo padrão que apaga todo o conteúdo do disco e cria as partições requeridas por Zentyal usando LVM ou pode escolher o modo especializado que permite partições personalizadas. A maioria dos utilizadores deve escolher a opção por defeito, a menos que estejam a instalar num servidor com software RAID ou que pretendam criar um particionamento especial de acordo com requisitos específicos.

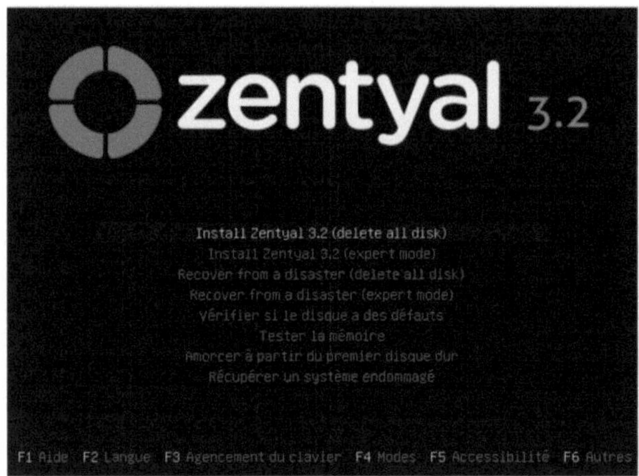

Figura 11: Passo 2 da instalação escolhendo o modo de instalação

Se tiver mais do que um adaptador de rede, o instalador pedir-lhe-á o seu principal, o que será utilizado para aceder à Internet durante a instalação. O instalador tentará configurá-lo automaticamente utilizando DHCP. Se tiver apenas uma interface, não verá esta pergunta.

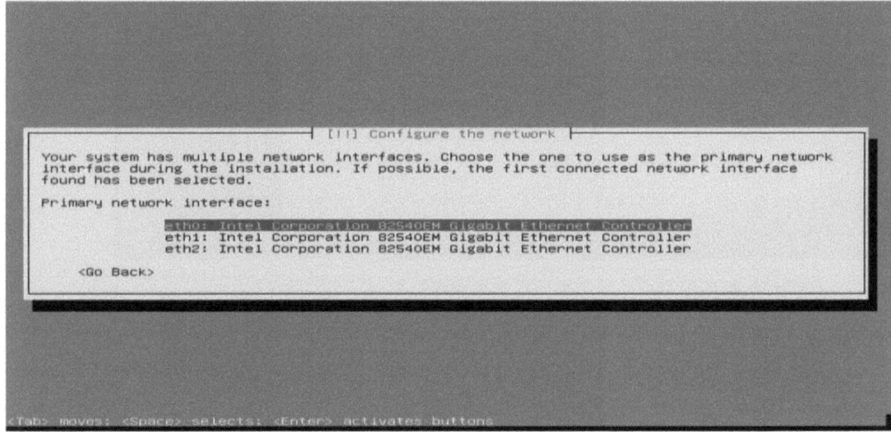

Figura 12: Configuração do passo 3 da instalação de cartões de rede

Agora escolha um nome para o nosso servidor: este nome é importante para identificar o anfitrião na rede. O serviço DNS regista automaticamente este nome. A Sambawill também utiliza este nome de domínio, como se verá mais adiante.

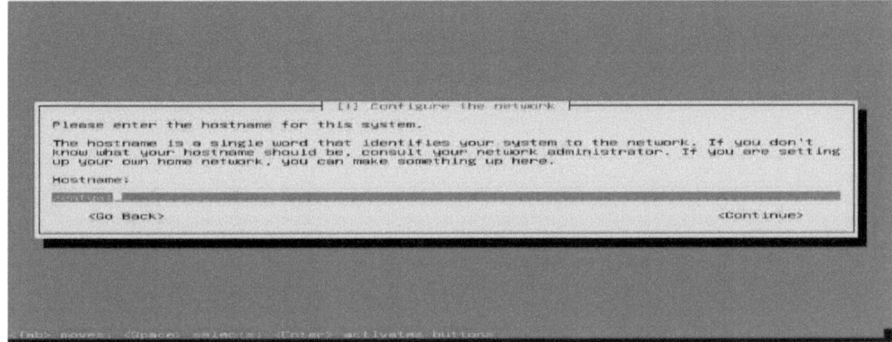

Figura 13: selecção do domínio do passo 3 da instalação

A barra de progresso da instalação irá agora aparecer. Deve aguardar que o sistema base seja instalado. Este processo pode demorar cerca de 20 minutos, dependendo da ligação.

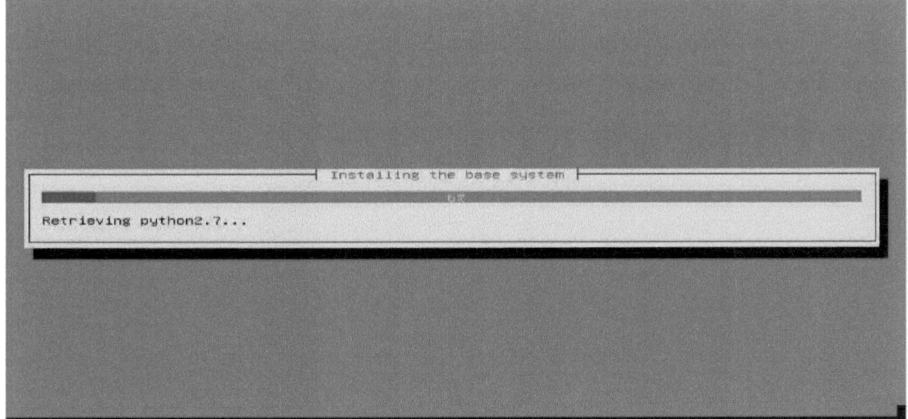

Figura 14: passo 5 da instalação instalação de componentes Zentyal

Uma vez concluída a instalação do sistema base, o CD de instalação deve ser ejectado, removido e o servidor reiniciado

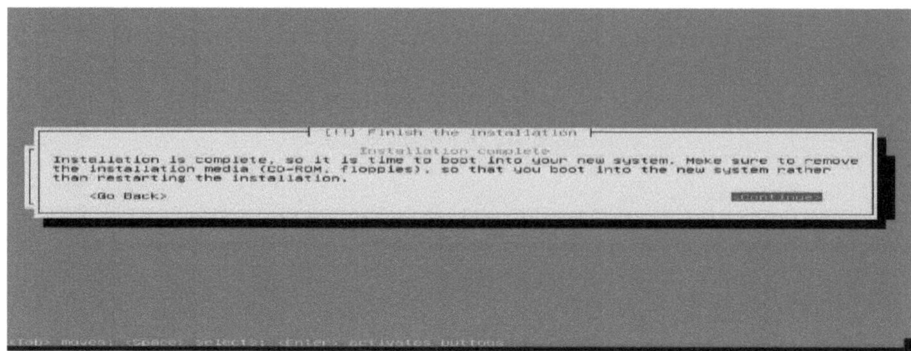

Figura 15: fim da instalação

O seu sistema Zentyal está agora instalado! É exibida uma interface gráfica num navegador web e é possível aceder à interface administrativa. A primeira inicialização levará algum tempo extra, uma vez que configura os módulos básicos Zentyal. Notará que na primeira vez que iniciar, o ambiente gráfico começa automaticamente para facilitar o processo. As sequências de arranque seguintes exigirão que se autentique primeiro.

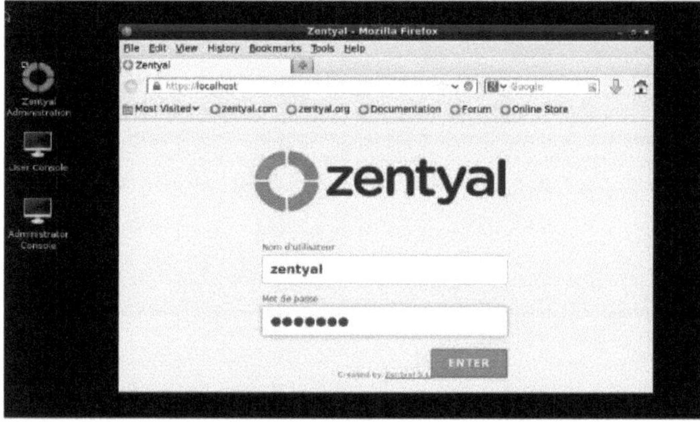

Figura 16: Interface de ligação

3.1.2-Configuração inicial

Ao aceder à interface web pela primeira vez, será iniciado um assistente de configuração. Para começar, pode escolher a funcionalidade do seu sistema. Para simplificar esta selecção, na parte superior da interface encontrará perfis de servidor pré-desenhados. Estes perfis são apenas conjuntos predefinidos de módulos relacionados, mas pode adicionar ou remover determinados módulos mais tarde.

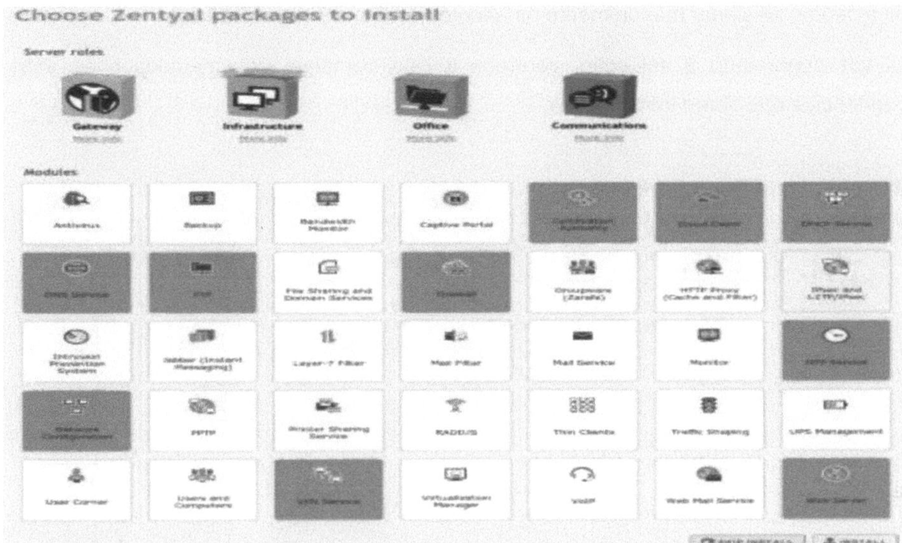

Figura 17: Funcionalidade Zentyal

Perfis Zentyal disponíveis para instalação:

> **Zentyal Gateway**: Zentyal actuará como uma porta de acesso à rede local, proporcionando segurança e

> **Acesso controlado** à Internet.

> **Zentyal Infrastructure**: Zentyal gere a infra-estrutura de rede local com serviços básicos tais como DHCP, DNS, NTP, etc.

> **Escritório Zentyal**: Zentyal pode servir como servidor para recursos partilhados e directório de rede local: ficheiros,

> impressoras, calendários, contactos, perfis de utilizadores e grupos.

> **Zentyal Unified Communications**: Zentyal pode servir como centro de comunicação para a empresa, gerindo correio electrónico, mensagens instantâneas e groupware.

Podemos seleccionar qualquer número de perfis para atribuir múltiplos papéis ao seu Servidor Zentyal.

Podemos também instalar um conjunto manual de serviços simplesmente clicando nos seus ícones sem ter de obedecer a um perfil específico. Outra possibilidade é instalar um perfil e depois adicionar manualmente os pacotes adicionais necessários.

Uma vez confirmada a selecção, veremos a lista completa dos módulos e as suas dependências que serão instalados:

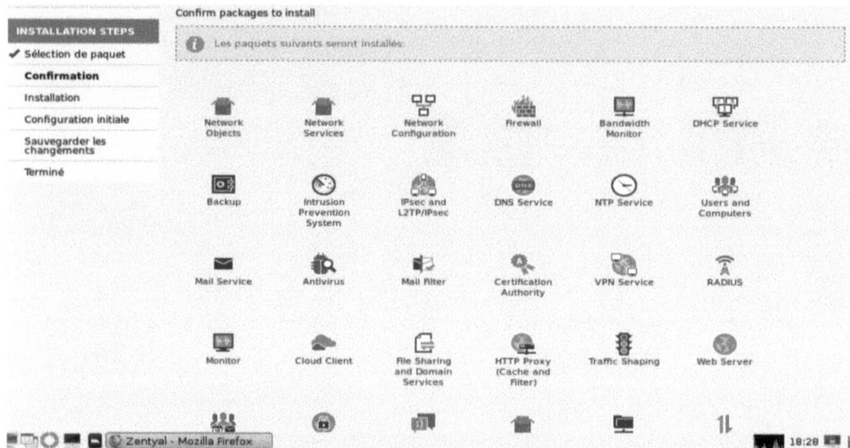

Figura 18: Lista de módulos de pré-selecção anteriormente

O sistema iniciará o processo de instalação e verá uma barra de progresso, assim como alguns slides que oferecem uma breve introdução às principais funções e pacotes comerciais do Zentyal.

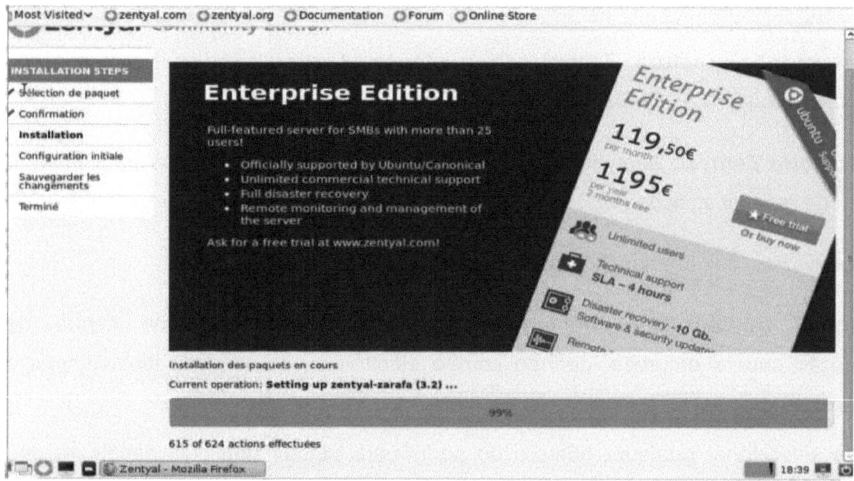

Figura 19: Instalação de módulos seleccionados

Uma vez concluído o processo de instalação, o assistente de configuração irá configurar os novos módulos solicitando as informações essenciais.

Em primeiro lugar, é-lhe pedida informação sobre a configuração da sua rede. Em segundo lugar, deve definir cada interface de rede como interna ou externa, por outras palavras; quer seja utilizada para se ligar a uma rede externa, como a Internet, ou a uma rede local. Serão aplicadas políticas rigorosas de firewall a todo o tráfego de entrada através de interfaces de rede externa.

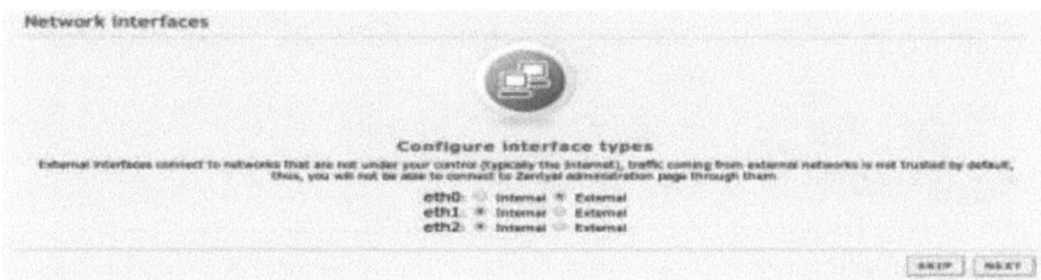

Figura 20: Configuração da placa de rede

A seguir, é necessário escolher o domínio local associado ao seu servidor, se tiver configurado a(s) interface(s) externa(s) usando DHCP, este pode ser preenchido automaticamente. Como mencionado anteriormente, o seu nome de anfitrião será automaticamente adicionado como anfitrião deste domínio. O domínio de autenticação para utilizadores também terá este nome. Pode configurar domínios adicionais, mas este é o único que será pré-configurado para fornecer toda a informação que os seus clientes LAN necessitam para o protocolo de autenticação de rede (Kerberos).

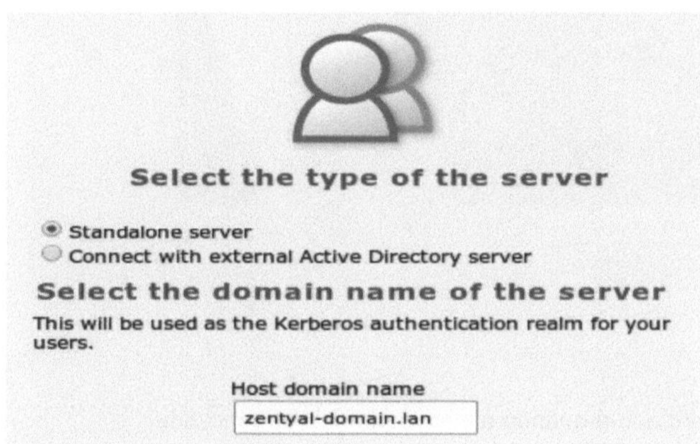

Figura 21: O Servidor de Nomes de Domínio (DNS)

O último feiticeiro permitir-lhe-á registar o seu servidor. Se já se registou, só precisa de introduzir as suas credenciais. Se ainda não tiver registado o servidor, pode fazê-lo agora utilizando este formulário. Em ambos os sentidos, o formulário irá pedir um nome para o seu servidor. Este é o nome que identificará o seu servidor Zentyal na interface do Zentyal Remote.

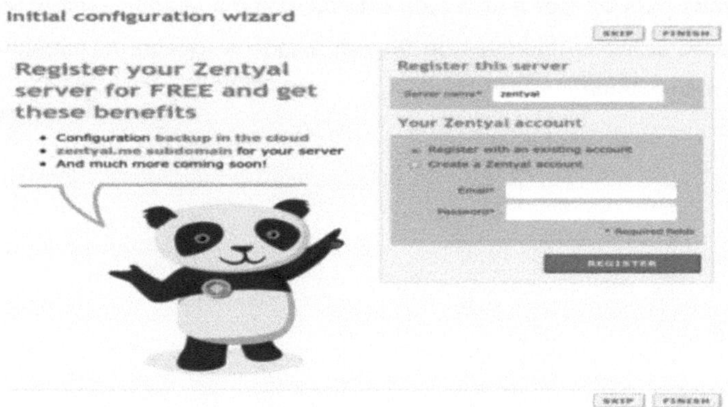

Figura 22: Fim da instalação do módulo

Uma vez respondidas estas questões, o instalador terminará de escrever todos os ficheiros de configuração necessários.

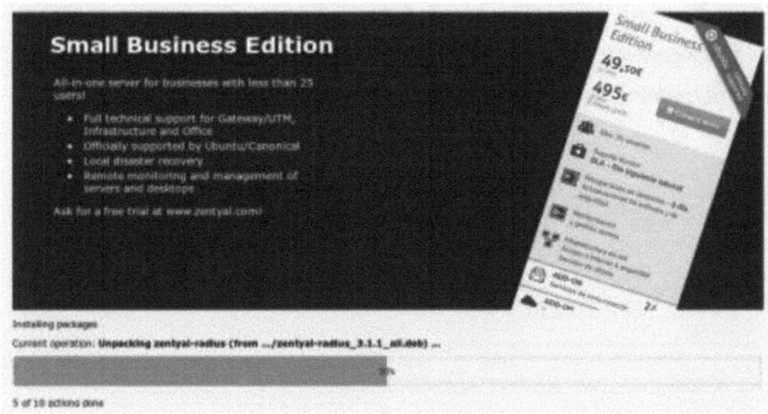

Figura 23: Conclusão da instalação

O programa de instalação informá-lo-á quando a instalação estiver concluída.

Figura 24: redireccionamento para a página inicial

Basta clicar no botão e ir para o tablier: o seu servidor Zentyal está agora pronto!

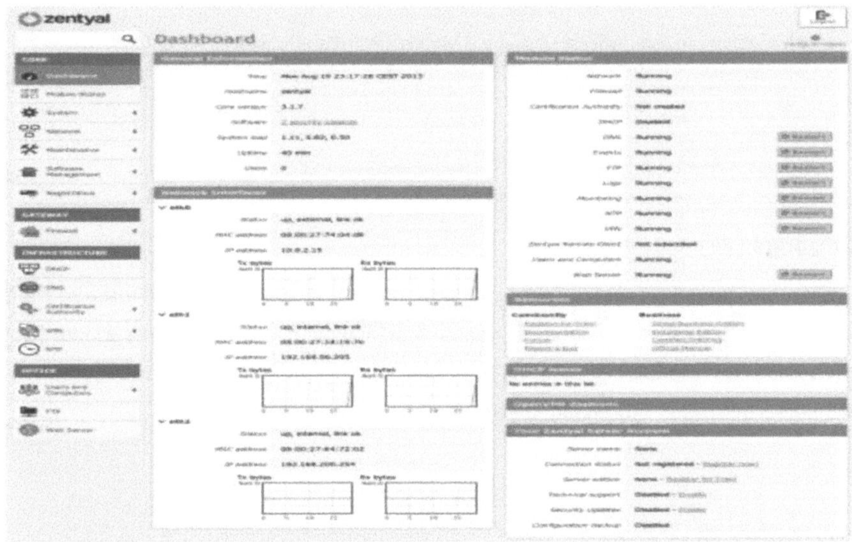

Figura 25: Página inicial Zentyal

3.1.3-Primeiro contacto com Zentyal

O ecrã de início de sessão pede o nome de utilizador e a palavra-passe. O utilizador criado durante a instalação e qualquer outro utilizador do grupo sudo pode autenticar-se como administrador Zentyal.

Figura 26: Interface de ligação Zentyal

Uma vez autenticada, verá a interface administrativa, que se divide em três partes principais:

Menu do lado esquerdo: Contém links para todos os serviços que podem ser configurados usando Zentyal, separados em categorias. Quando se selecciona um serviço deste menu, pode aparecer um sub-menu configurando um requisito particular dentro do serviço seleccionado.

Menu principal: Contém acções, sair da sessão e o botão "Guardar alterações", se necessário.

Figura 27: interface para log out e/ou guardar alterações

3.1.4-Configuração do estado do módulo

Zentyal utiliza um desenho modular no qual cada módulo gere um serviço diferente. Para configurar cada um destes serviços, é necessário activar o módulo correspondente a partir do estado do módulo. Todas as funções que foram seleccionadas durante a instalação serão activadas automaticamente.

Configuration de l'état du module

Module	Dépend	Status
Réseau		☑
Pare-feu	Réseau	☑
Antivirus		☑
DHCP	Réseau	☐
DNS		☑
Sauvegarde		☑
Events		☑
IDS/IPS	Pare-feu	☑
IPsec		☑
Journaux		☑

Figura 28: Interface para activar os serviços de que necessitará

3. 2-Configurações

Nesta secção, mostraremos como configurar serviços tais como o

DHCP, DNS, servidor proxy e muitos outros para melhor gerir a nossa rede

3.2.1- Infra-estrutura de rede

3.2.1.1- DHCP, DNS e servidor NTP

O serviço DHCP deve ser implementado numa interface configurada com um endereço IP estático. Esta interface deve também ser interna. No menu DHCP, pode encontrar uma lista de interfaces nas quais pode oferecer o serviço

DHCP

Interfaces

Enabled	Interface	Configuration	Action
☑	eth2	⚙	✎
☑	eth1	⚙	✎

Figura 29: Interface interna para DHCP

Opções comuns. Depois de clicar na opção de configuração de uma destas interfaces, aparecerá o seguinte formulário :

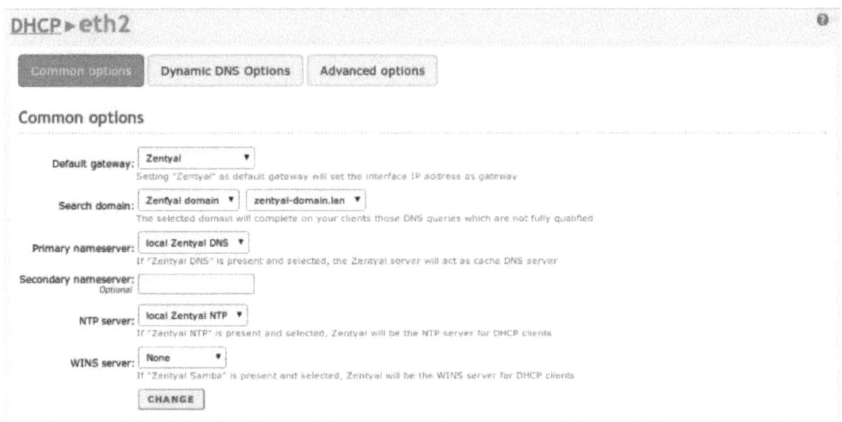

Figura 30: opção específica para configurar DHCP

As seguintes configurações podem ser feitas no separador Opções Comuns. Portal por defeito: este é o portal que os clientes utilizarão para comunicar com destinos que não estejam na sua rede local, tais como a Internet. O seu valor pode ser Zentyal, um Gateway de Rede, Roteadores ou um endereço IP personalizado.

> **Domínio de Pesquisa**: Esta configuração pode ser útil numa rede onde todos os anfitriões são nomeados sob o mesmo subdomínio. Assim, quando se tenta resolver um nome de domínio sem sucesso (por exemplo, host), uma nova tentativa seria feita adicionando o domínio de pesquisa no final (host.zentyal.lan).

> **Servidor de nome primário**: especifica o servidor DNS que os clientes utilizam primeiro quando necessitam de resolver um nome de domínio. O seu valor pode ser o DNS Zentyal Local ou o endereço IP de outro servidor DNS. Se seleccionar o seu próprio Zentyal como servidor DNS, certifique-se de que o módulo DNS está activado.

> **Servidor de nomes secundários**: servidor DNS a ser utilizado pelos clientes no caso de o servidor DNS primário não estar disponível. O seu valor deve ser um endereço IP de um servidor DNS.

> **Servidor NTP**: Servidor NTP que os clientes irão utilizar para sincronizar o relógio do seu sistema. Este pode ser Nenhum, o NTP local de Zentyal ou o endereço IP de outro servidor NTP. Se seleccionar o seu próprio servidor Zentyal como servidor NTP, certifique-se de que o módulo NTP está activado

> **Servidor WINS:** servidor Windows Internet Name Service (WINS) que os clientes

irão utilizar para resolver nomes numa rede NetBIOS. Pode ser Nenhum, Local Zentyal ou outro Custom. Se seleccionar o seu próprio servidor Zentyal como servidor WINS, certifique-se de que o módulo Users, Computers and File Sharing está activado. Sob estas opções pode ver os intervalos de endereços dinâmicos e as alocações estáticas. Para que o serviço DHCP funcione correctamente, é necessário ter pelo menos uma gama de endereços para distribuir ou alocações estáticas; caso contrário, o servidor DHCP não atribuirá endereços IP mesmo quando se ouve todas as interfaces de rede.

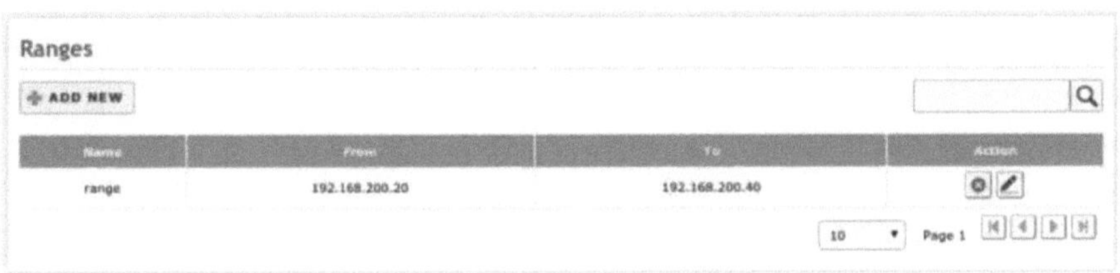

Figura 31: A gama de endereçamento IP

As opções de DNS dinâmico permitirão atribuir nomes de domínio a clientes DHCP através da integração de DHCP e módulos DNS. Isto facilita o reconhecimento de máquinas na rede: elas podem ser reconhecidas por um nome de domínio único em vez de um endereço IP que pode mudar

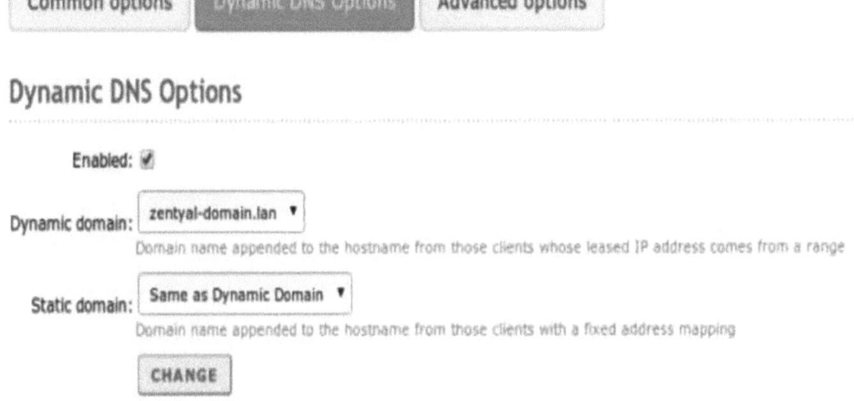

Figura 32: Activação do DNS dinâmico

A configuração do DNS é essencial para que a autenticação da rede local funcione, uma vez que os clientes da rede consultam o domínio local, os seus registos SRV e TXT para encontrar servidores com autenticação de bilhetes. Como mencionado anteriormente, este domínio é pré-configurado para resolver os serviços Kerberos a partir da instalação. Para mais informações sobre os serviços de directório. O módulo DNS Zentyal funciona sempre como um servidor de cache DNS para redes marcadas como internas, por isso se quiser que o seu servidor faça o cache de consultas DNS, basta activar o módulo. Por vezes este servidor de cache DNS precisa de ser consultado a partir de redes internas que não estão directamente configuradas para Zentyal. Embora este caso seja bastante raro, pode ocorrer em redes com rotas para segmentos internos ou redes VPN. Após reiniciar o módulo DNS, as alterações serão aplicadas. Quando o servidor DNS Zentyal for instalado e activado, a primeira opção cliente DNS (rede -> DNS) de Zentyal será automaticamente apontada para o servidor local, 127.0.0.1. Por outras palavras, consulta primeiro as zonas DNS locais, se estas estiverem presentes. Se não houver redireccionadores configurados, o servidor de cache DNS de Zentyal consultará directamente os servidores DNS de raiz para descobrir qual o servidor autorizado que irá resolver a consulta DNS. Depois, armazenará os dados localmente durante o período definido no campo TTL. Esta característica reduz o tempo necessário para iniciar todas as ligações de rede, dando aos utilizadores uma sensação de velocidade e reduzindo o tráfego global da Internet.

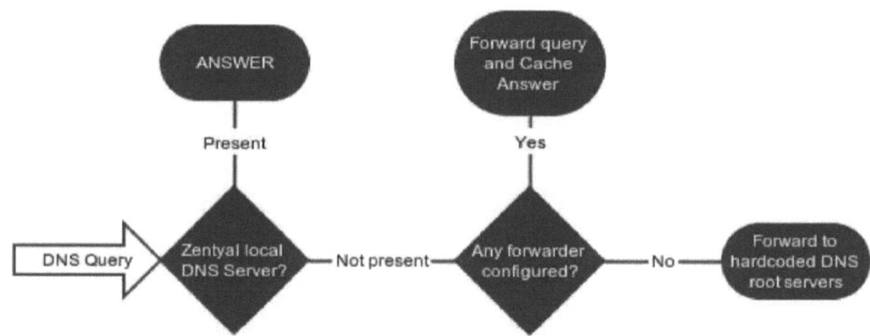

Figura 33: Como funciona o servidor DNS

O domínio de pesquisa é essencialmente uma string que é adicionada à consulta no caso de uma string definida pelo utilizador não ser resolvida. O domínio de pesquisa é definido nos clientes, mas pode ser fornecido automaticamente pelo DHCP, de modo que quando os clientes recebem a configuração inicial da rede, podem também receber o domínio de pesquisa.

Por exemplo, o seu domínio de pesquisa pode ser foocorp.com. Quando um utilizador tenta aceder ao host de exemplo; por não estar presente entre os seus hosts conhecidos, a resolução do nome falhará, pelo que o sistema operativo do utilizador tentará automaticamente resolver o site example.foocorp.com.

Em Rede -> Ferramentas, tem uma ferramenta para resolução de nomes de domínio, que mostra os detalhes da consulta utilizando uma consulta DNS ao servidor que definiu em Rede -> DNS.

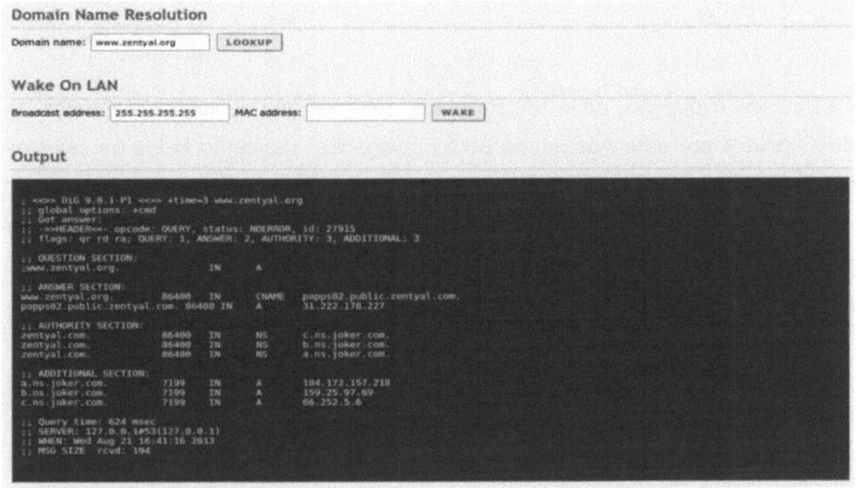

Figure 34: procurar por um nome de domínio

3.2.1.3 - Autoridade de Certificação (AC)

3.2.1.3.1- Configuração da autoridade de certificação com Zentyal

Em Zentyal, o módulo Autoridade de Certificação é auto-gerido, o que significa que não precisa de ser activado no estado de módulo. No entanto, é necessário inicializar a autoridade de certificação para tornar a funcionalidade do módulo disponível a outros serviços Vá a Autoridade de Certificação ► Geral e encontrará o formulário para criar a autoridade de certificação. É necessário preencher os campos Nome da organização e Dias de expiração. Opcionalmente, é possível especificar o código do País (um acrónimo de duas letras seguindo a norma ISO-3166-1), Cidade e Estado.

Issue the Certification Authority Certificate

Organization Name: Example Corp INC

Country code:
Optional US

City:
Optional Chicago

State:
Optional Illinois

Days to expire: 3650

ISSUE

Figure 35: criação de um certificado para proteger o nosso servidor

Ao fixar a data de expiração, deve ter em conta que, na data de expiração, todos os certificados emitidos por esta Autoridade serão revogados, cessando todos os serviços baseados nesses certificados. Uma vez que a AC tenha sido rubricada, poderá emitir certificados. Os dados necessários são o nome comum do certificado e os dias de expiração. Este último campo é limitado pelo facto de nenhum certificado poder ser válido por mais tempo do que a AC. Caso esteja a utilizar o certificado de um serviço como um servidor web ou servidor de correio, o nome comum do certificado deve corresponder ao nome de domínio desse servidor. Por exemplo, se utilizar o nome de domínio zentyal.home.lan para aceder à interface administrativa da web ao Zentyal, necessitará de um certificado com o mesmo nome comum. No caso de definir um certificado de utilizador, o nome comum será normalmente o endereço de correio electrónico do utilizador. Opcionalmente, pode definir nomes de assunto alternativos para o certificado. Estes são úteis ao definir nomes comuns num certificado: um nome de domínio ou endereço IP para um host virtual HTTP ou um endereço de correio electrónico ao assinar e-mails. Uma vez emitido o certificado, este aparecerá na lista de certificados e estará disponível para o administrador e o resto dos módulos. Na lista de certificados, várias acções podem ser realizadas nos certificados:

> Descarregar a chave pública, chave privada e certificado.

> Renovar o certificado.

> Revoga o certificado.

> Reemissão de um certificado previamente revogado ou caducado.

3.2.1.3.3. 2-Certificados de   serviço

Na Autoridade de Certificação ->Certificados de Serviço, pode encontrar a lista de módulos Zentyal que utilizam certificados para o seu funcionamento. Cada módulo gera os seus próprios certificados autoassinados, mas pode substituí-los por outros pela sua AC. Pode gerar um certificado para cada serviço, definindo o seu nome comum. Se não existir um certificado anterior com o nome, a AC criá-lo-á automaticamente

Services Certificates

Module	Service	Common Name	Enable	Action
Mail	Mail POP/IMAP server	mail.zentyal-domain.lan	☑	✎
Mail	Mail SMTP server	mail.zentyal-domain.lan	☑	✎
Web Server	Web Server	zentyal.zentyal-domain.lan	☑	✎
Zentyal Webadmin	Zentyal Administration Web Server	Zentyal	☐	✎

Figure 36: serviço protegido pelo certificado

Uma vez activado, deve reiniciar o serviço para forçar o módulo a utilizar o novo certificado. Isto também se aplica se estiver a renovar um certificado para um módulo. Como mencionado anteriormente, para utilizar a versão segura de vários protocolos (web, email, etc.), é importante que o nome que aparece no "nome comum" do certificado corresponda ao nome solicitado pelo cliente.

36.2.1.4 - Serviço de publicação Web (HTTP)

36.2.1.5.1 - Introdução ao HTTP

A Web é um dos serviços mais comuns na Internet, uma vez que se tornou a "face pública" da Internet para a maioria dos utilizadores. Este serviço é baseado na transferência de páginas web utilizando o protocolo HTTP.

HTTP (HyperText Transfer Protocol) é um protocolo de pedido e resposta. O cliente, também conhecido como User Agent, solicita o acesso a um recurso num servidor HTTP. O servidor com o recurso solicitado processa-o e dá uma resposta com o recurso, que pode ser uma página web HTML, uma imagem ou qualquer outro ficheiro gerado dinamicamente - com base num conjunto de parâmetros de pedido. Estes recursos são identificados utilizando URLs (Uniform Resource Locators), os identificadores são geralmente conhecidos como endereços de website.

A resposta do servidor tem a mesma estrutura que o pedido do cliente, excepto para a primeira linha. A primeira linha contém <código do estado>> razão do texto>, que é o código de resposta e a explicação textual da mesma. Os códigos de resposta mais comuns são:

\> 200 OK: o pedido foi processado correctamente.

\> 403 Proibido: O cliente não tem permissão para aceder ao recurso solicitado.

\> 404 não encontrado: O recurso solicitado não foi encontrado.

\> 500 Erro interno do servidor: Ocorreu um erro no servidor, impedindo o pedido de ser processado correctamente.

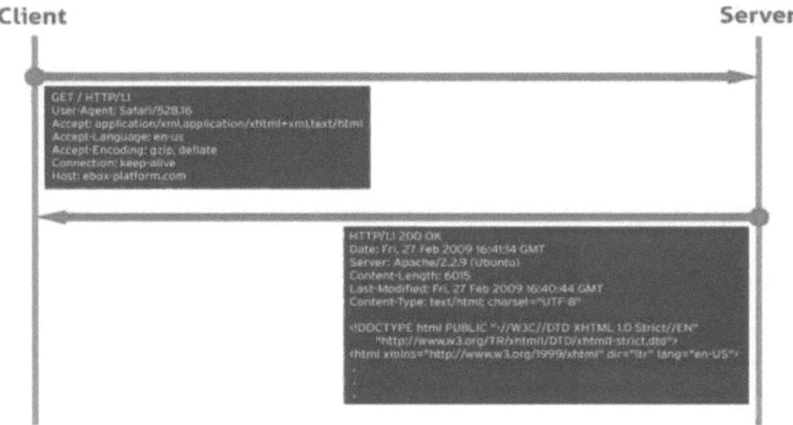

Figure 37:   como funciona o servidor proxy

Por defeito, HTTP utiliza a porta TCP 80 e HTTPS utiliza a porta TCP 443. HTTPS é o protocolo HTTP enviado através da ligação SSL/TLS para assegurar a comunicação encriptada e a autenticação do servidor. O servidor Apache HTTP (5) é o servidor mais amplamente utilizado na Internet, alojando mais de 54% de todas as páginas web.

Zentyal utiliza o Apache para o seu módulo servidor HTTP e para a sua interface administrativa.

3.2.1.4.   2- Configuração do servidor HTTP com Zentyal

Pode aceder à configuração do servidor HTTP através do menu do servidor web.

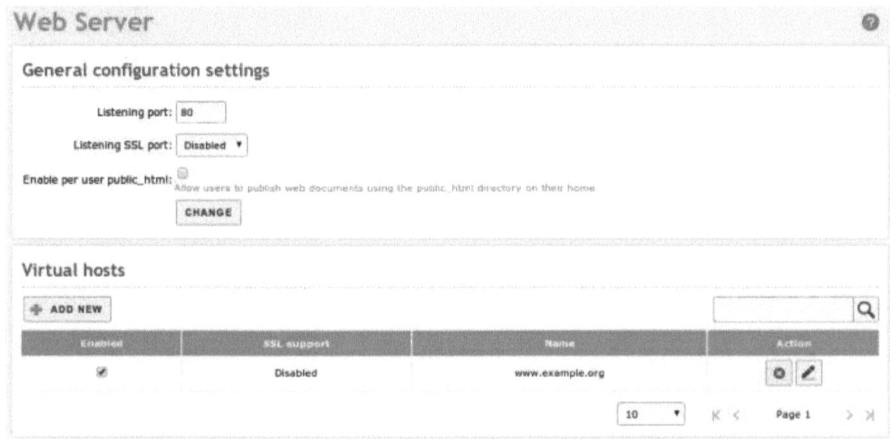

Figure 38: configuração do servidor web

Na configuração geral, é possível alterar as seguintes configurações:

> **Porta de escuta**: porta HTTP, por defeito porta 80, a porta por defeito para o protocolo HTTP.

> **Porta de escuta SSL**: porta HTTPS, pela porta padrão 443, a porta padrão do protocolo HTTPS. Deve activar o certificado para este serviço e alterar a porta de interface administrativa Zentyal para outra porta, se quiser utilizar a porta 443.

3.2.1.4.3 - Configuração de Firewall com Zentyal

O modelo de segurança Zentyal é baseado na máxima segurança possível com a configuração padrão, tentando ao mesmo tempo minimizar o esforço ao adicionar um novo serviço. Quando o Zentyal é configurado como firewall, é normalmente instalado entre a rede interna e o router ligado à Internet. A interface de rede que liga o anfitrião com o router deve ser marcada como

Exterior na rede -> Interfaces, portanto a firewall pode definir políticas mais estritas para ligações iniciadas fora da sua rede.

Figura 39: Mapa de rede para tráfego na Internet

A estratégia padrão para as interfaces externas é recusar qualquer nova ligação. Por outro lado, para as interfaces internas, Zentyal recusa todas as tentativas de ligação, excepto as destinadas a serviços definidos pelos módulos instalados. Os módulos acrescentam regras à firewall para permitir estas ligações. Estas regras podem ser modificadas mais tarde pelo administrador do sistema. Uma excepção a isto é a ligação ao servidor LDAP, que acrescenta uma regra, mas é configurada para negar a ligação por razões de segurança. A configuração padrão para ligações a hosts fora da rede e ligações a partir do próprio servidor é permitida a todos. As políticas de firewall podem ser configuradas a partir de:

Firewall > Filtragem de pacotes

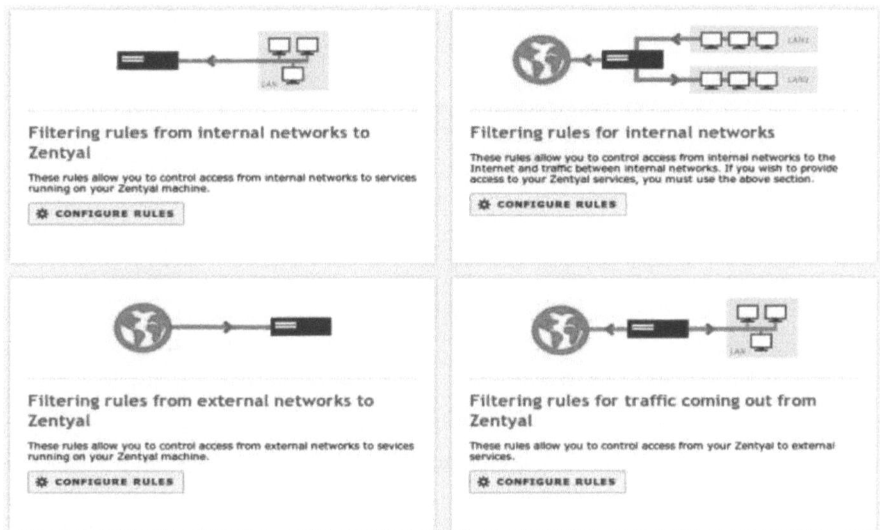

Figura 40: Tipos de configuração de firewall Zentyal

Cada uma das secções acima referidas é responsável pelo controlo dos diferentes fluxos de tráfego de acordo com a sua origem e destino:

> Filtrar as regras das redes internas Zentyal (exemplo: permitir o acesso ao servidor de ficheiros Zentyal a partir da rede local).

> Regras de filtragem para redes internas (por exemplo, restringir o acesso à Internet a partir de um conjunto de hosts, proibir o acesso de DMZ a outros segmentos LAN)

Filtrar as regras das redes externas a Zentyal (exemplo: permitir a qualquer anfitrião de Internet aceder a uma página web servida por Zentyal).

Regras de filtragem para o tráfego de saída de Zentyal (exemplo: ligações por proxy que são feitas por Zentyal em nome de um utilizador). Deve ter em conta que permitir ligações à Internet aos serviços Zentyal pode ser potencialmente perigoso, considerar as implicações de segurança antes de modificar o terceiro conjunto de regras.

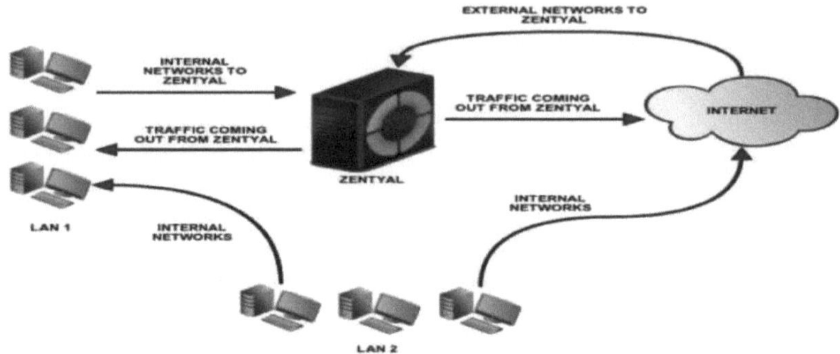

Figura 41: Princípio de funcionamento da firewall

Ao estudar a imagem acima, pode determinar qual a secção que necessitará, dependendo do tipo de tráfego que pretende controlar na firewall. As setas indicam apenas a fonte e o destino, claro, todo o tráfego deve passar pela firewall Zentyal para ser processado. Por exemplo, a seta de Redes Internas da LAN 2 para a Internet significa que um dos hosts da LAN é a fonte e o host na Internet é o destino, mas a ligação será processada pelo Zentyal, que é a porta de entrada para esse host.

Zentyal fornece uma forma simples de definir as regras que irão compor a política de firewall. A definição destas regras utiliza os conceitos de alto nível definidos na secção Serviços de Rede para especificar os protocolos e portas para aplicar as regras e na secção Objectos de Rede para especificar que endereços IP (origem ou destino) estão incluídos nas definições das regras.

Figura 42: Configuração da firewall interna

Normalmente, cada regra tem uma fonte e destino que pode ser Qualquer, um endereço IP ou um objecto no caso de ter de ser especificado mais do que um endereço IP ou endereço MAC. Em algumas secções, a fonte ou destino é omitido porque os seus valores já são conhecidos, por exemplo, Zentyal será sempre o destino nas regras de filtragem para redes internas à secção Zentyal e sempre a fonte nas regras de filtragem para tráfego saindo de Zentyal

Além disso, cada regra está sempre associada a um serviço para especificar o protocolo e os portos (ou intervalo de portos). Os serviços com portas de origem são utilizados para regras sobre tráfego de saída para serviços internos, por exemplo, um servidor HTTP interno. Enquanto que os serviços com portas de destino são utilizados para regras sobre tráfego de entrada para serviços internos ou tráfego de saída para serviços externos. É importante notar que existe um conjunto de etiquetas genéricas que são muito úteis para a firewall, tais como qualquer, para seleccionar qualquer protocolo ou porta, ou qualquer TCP, qualquer UDP para seleccionar qualquer protocolo TCP ou UDP, respectivamente. O parâmetro mais relevante é a *decisão* de assumir uma nova ligação. Zentyal permite que este parâmetro utilize três tipos diferentes de decisão.

> Aceitar a ligação.

> Negar a ligação, ignorar os pacotes recebidos e dizer à fonte que a ligação não pode ser estabelecida.

> Registar o evento de ligação e continuar a avaliar o resto das regras.

Uma regra genérica no início da cadeia pode ter o efeito de ignorar uma regra mais específica mais tarde na lista, pelo que a ordem das regras é importante. Também se pode aplicar a lógica de não avaliar as regras utilizando a correspondência inversa para definir estratégias mais avançadas.

Packet Filter ▸ Internal networks

Adding a new rule

Decision: DENY ▾

Source: Source object ▾ DMZ ▾ Inverse match: ☐

Destination: Any ▾ Inverse match: ☐

Service: Any ▾ Inverse match: ☐
If inverse match is ticked, any service but the selected one will match this rule

Description: *Optional* DMZ should not access other netwo

[ADD] [CANCEL]

Por defeito, a decisão é sempre de negar ligações e é necessário acrescentar regras explícitas para as permitir. Há uma série de regras que são automaticamente adicionadas durante a instalação para definir uma versão inicial das políticas de firewall: permitir todas as ligações de saída para redes externas à Internet, a partir do servidor Zentyal (regras de filtragem para tráfego de saída Zentyal) e também todas as ligações de redes internas a redes externas (na regra de filtragem para redes internas). Além disso, cada módulo instalado adiciona um conjunto de regras nas regras de filtragem para redes internas ao Zentyal e regras de filtragem para redes externas às secções Zentyal, permitindo normalmente tráfego de redes internas e negando redes externas. Apenas o parâmetro Decisão precisa de ser alterado e não precisa de criar uma nova regra. Note que estas regras são adicionadas apenas durante o processo de instalação de um módulo e não são automaticamente alteradas durante modificações futuras.

43.2.1.5-Qualidade de Serviço (QoS)

Zentyal é capaz de executar o traffic shaping no tráfego que flui através do servidor, permitindo uma taxa garantida ou limitada, ou atribuindo prioridade a certos tipos de ligações de dados através do menu de regras de Traffic Shaping ▸. Para tal, deve instalar e activar o "Módulo de Tráfego". Para executar a modelação de tráfego, é necessário pelo menos uma interface de rede interna e uma externa. O primeiro passo na configuração deste módulo é aceder às taxas de interface do *"Traffic Shaping"* e configurar as taxas de carregamento e descarregamento associadas a cada uma das interfaces externas de acordo com a sua largura de banda.

Traffic Shaping

External Interface	Upload	Download	Action
eth3	16384 Kb/s	16384 Kb/s	✎
eth0	16384 Kb/s	16384 Kb/s	✎

Uma vez configuradas as tarifas, é possível definir as regras de moldagem acessando *"Traffic Shaping -> Rules"*, onde se podem ver dois tipos diferentes de regras: Regras para redes internas e regras para redes externas. Se a interface da rede externa for modelada, do ponto de vista do utilizador, limita-se o tráfego de saída do Zentyal para a Internet. No entanto, se formar uma interface de rede interna, a saída do Zentyal para redes internas é limitada. As taxas máximas de saída e entrada são dadas pela configuração em "***Traffic Shapingn -> Interface rates***". Como pode ver, o tráfego de entrada não é possível directamente, uma vez que o tráfego de entrada não é previsível e controlável a maior parte do tempo. Existem técnicas específicas de diferentes protocolos utilizados para lidar com o tráfego de entrada. TCP, ajustando artificialmente o tamanho da janela para o fluxo de dados na ligação TCP e controlando a taxa de reconhecimento (ACKs) de volta do remetente.

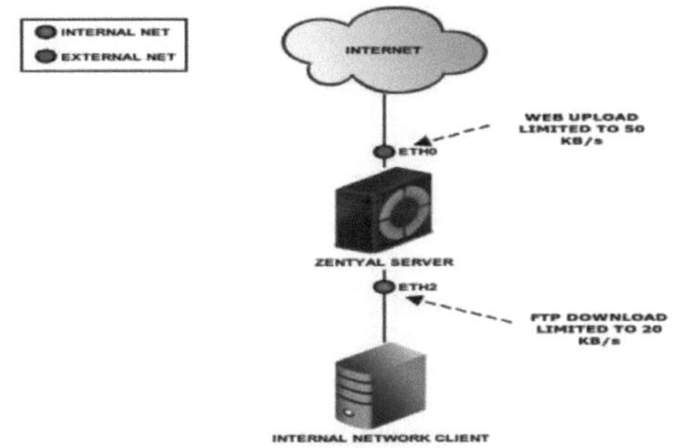

Pode adicionar regras para cada interface de rede para dar prioridade (0: prioridade mais alta, 7: prioridade mais baixa), Taxa Garantida ou Taxa Limitada. Estas regras aplicam-se ao tráfego relacionado com um serviço, fonte e/ou destino de cada ligação.

Figura 46: limitação da largura de banda

Para configurar o proxy HTTP, vá a HTTP Proxy ► Configurações gerais. Pode definir se pretende que o proxy funcione em modo transparente para aplicar as regras de forma transparente, ou se tem de ser configurado manualmente em navegadores. Neste último caso, utilizando Port, pode definir em que porta o proxy aceitará as ligações de entrada. A porta padrão é TCP / 3128, outras portas típicas são 8000 e 8080. O proxy Zentyal só aceita ligações de entrada de redes internas, isto é o que é necessário configurar no browser do cliente. O tamanho da cache controla a quantidade de espaço em disco que irá utilizar para armazenar temporariamente conteúdo web. É configurado usando o Tamanho da Cache. É necessária uma boa estimativa da quantidade e tipo de tráfego que irá receber para optimizar esta configuração.

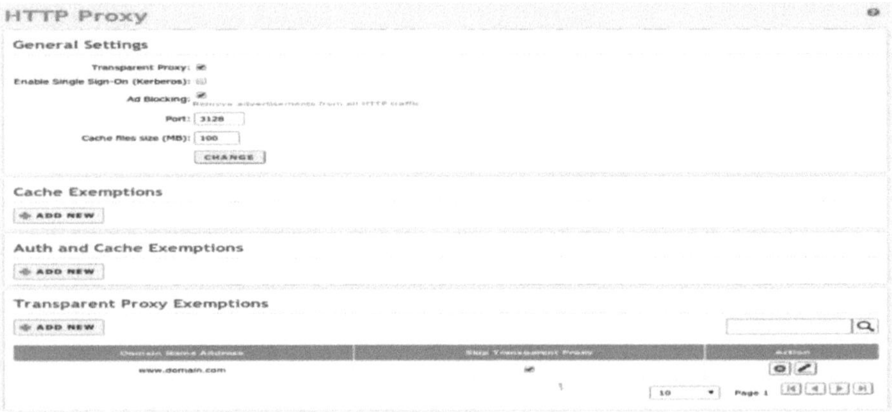

Figura 47: Configuração do servidor proxy

É possível configurar quais os domínios que não serão armazenados na cache. Por exemplo, se tiver servidores web locais, não irá melhorar o acesso ao armazenamento de uma cache e irá desperdiçar memória que poderia ser utilizada para armazenar itens remotos. Se um domínio estiver na lista de isenção de cache, os dados serão recuperados directamente do browser. Pode definir estes domínios na lista de isenções de cache. O proxy HTTP também é capaz de remover publicidade das páginas web. Isto poupará largura de banda e removerá distracções e até ameaças à segurança. Para utilizar esta funcionalidade, basta activar o bloqueio de anúncios

Figura 48: Regras de acesso ao servidor proxy

Usando o Período, pode definir quando a regra será aplicada, os dias da semana e as horas. O valor por defeito é todas as horas.

A Fonte é uma configuração realmente flexível, permite configurar se esta regra se aplica a um objecto ou a membros de um grupo específico (lembre-se que as regras de acesso de grupo só estão disponíveis se estiver a usar um proxy não transparente). Pode também aplicar uma regra a todo o tráfego que passa através da procuração.

Time period	Source	Decision	Action
Weekend	Any	Allow All	
All time	Object: Marketing	Apply 'strict_filter' profile	
All time	Object: Developers	Allow All	

10 ▾ Page 1

Figura 49: lista de regras criadas

Qualquer pessoa terá acesso irrestrito durante o fim-de-semana, já que esta é a regra mais alta. Em todos os outros momentos, os pedidos do objecto "Marketing" terão de ser aprovados pelo filtro definido em *"strict_filter"*, o pedido do objecto *"Developers"* será acessível sem restrições. O pedido que não corresponda a uma destas regras será recusado.

3.2.1.6.2- Perfis de filtragem

Pode filtrar páginas web com Zentyal com base no seu conteúdo. Pode definir vários perfis de filtragem a partir dos perfis de filtragem de Proxy HTTP

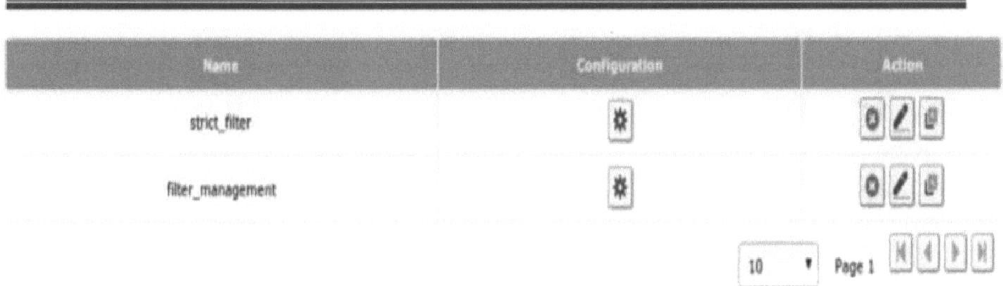

Name	Configuration	Action
strict_filter	✱	
filter_management	✱	

10 ▾ Page 1

Figura 50: Perfil de filtragem por procuração

Se for à Configuração de um destes perfis, pode especificar diferentes critérios para ajustar os filtros de conteúdo. No primeiro separador, pode encontrar os filtros Threshold e antivírus. Para que a caixa de verificação antivírus esteja disponível, é necessário instalar e activar o módulo antivírus

Figura 51: Configuração de regras

Ambos os filtros são dinâmicos, o que significa que irão verificar qualquer página web em busca de conteúdo inadequado ou vírus. O limiar pode ser ajustado para ser mais ou menos rigoroso, o que influenciará o número de palavras inadequadas que tolerará antes de rejeitar uma página web.

No separador seguinte Domínios e URLs pode decidir estatisticamente quais os domínios que serão permitidos neste perfil. Pode bloquear sites especificados apenas como IPs para evitar contornar o proxy simplesmente digitando os endereços IP e pode também decidir bloquear domínios e URLs não listados se desejar fazer uma lista branca dos domínios listados abaixo destas opções.

Finalmente, na parte inferior, tem a lista de regras, onde pode especificar quais os domínios que deseja aceitar ou rejeitar. Para utilizar as categorias de domínio de que necessita, em primeiro lugar, para carregar uma lista de domínios classificados. Pode carregar esta lista a partir da lista de categorias Proxy HTTP ►. Uma vez, podemos descarregar um ficheiro que contém uma lista de URLs agrupadas por categorias para serem utilizadas por filtros como SquidGuardian ou DansGuardian. Para este exemplo, descarregámos o ficheiro a partir de: Shallalist

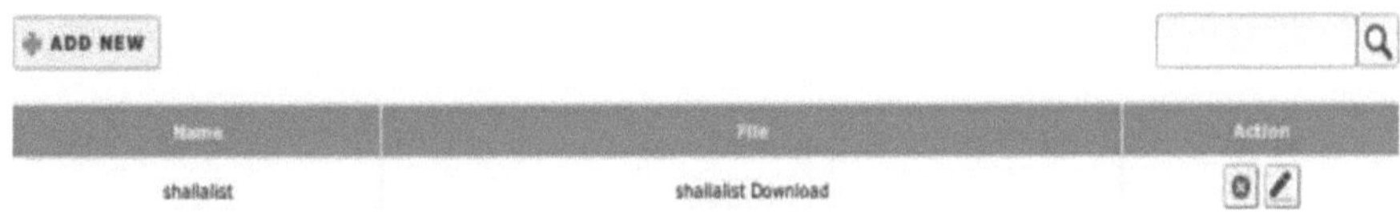

Figura 53: Adição de listas categorizadas para bloquear um tipo específico de sítio

Uma vez estabelecida a lista, pode escolher que categoria será rejeitada nas categorias de domínio.

Figura 54: Bloqueio de sítios

Usando os dois separadores à esquerda, pode seleccionar os tipos de conteúdo ou ficheiros aceites por este perfil, utilizando tipos MIME ou extensões de ficheiros. Os tipos MIME (3) são um identificador de formato para a Internet, por exemplo, aplicação / pdf.

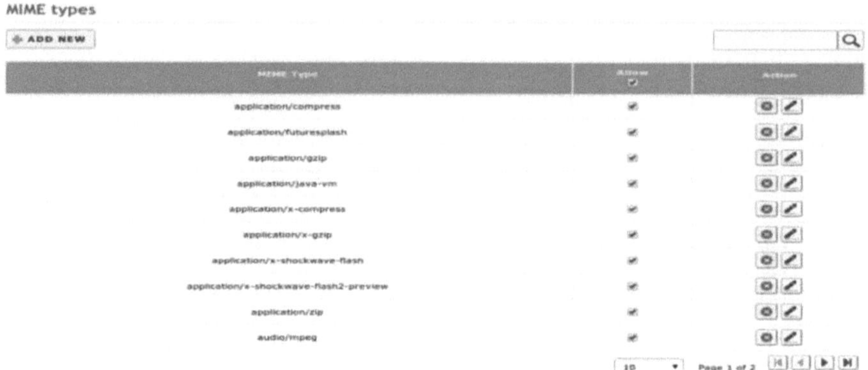

Figura 55: Acrescentar tipos de ficheiros a não carregar

Encontrará uma interface semelhante para configurar as extensões de ficheiro permitidas:

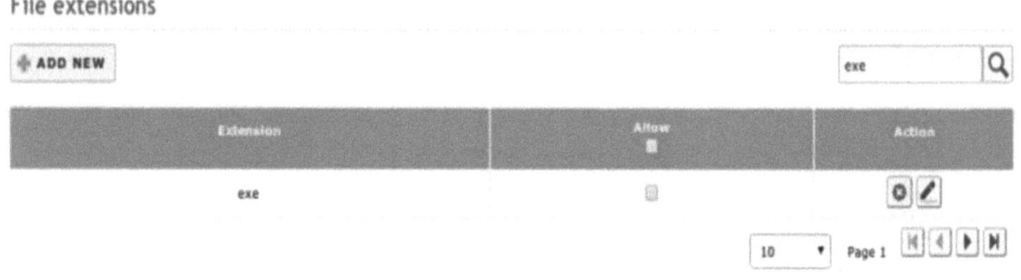

Figura 56: Proibir o download de certas extensões de ficheiros

3.5.3 - limitação da largura de banda

O Proxy de Zentyal permite-nos estabelecer um limite flexível para controlar a largura de banda utilizada pelos nossos utilizadores quando navegam na web. Este limite é baseado em Token Bucketalgorithms. Temos um balde com uma reserva de largura de banda e uma velocidade de recarga. A velocidade de descarga depende do descarregamento do utilizador. Se o utilizador utilizar a ligação sensivelmente, o balde recarregará mais rapidamente do que previne, não haverá penalização. Se o utilizador começar a esvaziar o balde muito mais rapidamente do que a taxa de enchimento, este ficará vazio e terá de ajustar a taxa de enchimento correctamente. Para cada regra de estrangulamento da largura de banda que configuramos, temos dois tipos de baldes disponíveis: global e por cliente. Cada cliente irá consumir os seus baldes pessoais e todos os incluídos no objecto irão consumir o balde global. Este tipo de algoritmo é útil para permitir downloads de tamanho médio, se estes não forem sustentados ao longo do tempo. Por exemplo, num

48

contexto educacional, permitir que ficheiros PDF sejam descarregados consumirá parte do balde mas descarregará a uma velocidade máxima. Se um utilizador tentar descarregar utilizando o P2P, consumirá o rápido desdobramento.

Adding a new rule

Enabled: ☑

Network object: | Developers ▼ |

Enable global limit for the object: ☐

Maximum unlimited size: MB
Maximum unthrottled download size for the whole network object.

Maximum download rate: KB/s
Limited download rate after maximum size is reached for the whole network object.

Enable per client limit: ☑

Maximum unlimited size per client: 50 MB
Maximum unthrottled download size for each client.

Maximum download rate per client: 30 KB/s
Limited download rate after maximum size is reached for each client.

[ADD] [CANCEL]

Figura 57: Limitação de largura de banda

3.2.1.7-   Sistema de Prevenção de Intrusão (IDS IPS)

3.2.1.7.1-   Configuração de um IDS / IPS com Zentyal

A configuração do sistema IDS / IPS em Zentyal é muito simples. Em primeiro lugar, é preciso especificar as interfaces de rede que se precisa que o IDS/IPS escute. Depois disso, pode escolher diferentes grupos de filtros que serão aplicados ao tráfego capturado para detectar actividades suspeitas.

Pode aceder a ambas as opções de configuração através do menu IDS / IPS. Nesta secção, no separador Interfaces, aparecerá uma tabela com todas as interfaces de rede configuradas. Todas são desactivadas por defeito devido ao aumento da latência da rede e do consumo de CPU causado pela inspecção de tráfego. No entanto, pode activá-la clicando na caixa de verificação.

Figura 58: Selecção de cartões de rede para detecção de intrusão

No separador Regras, tem uma tabela pré-carregada com todos os conjuntos de regras Snort instalados no seu sistema. Um conjunto típico de regras é activado por defeito. A partir desta interface, pode escolher se pretende apenas registar (por defeito), ou bloquear, ou registar e bloquear a fonte do tráfego suspeito. Pode poupar tempo à CPU desactivando as regras em que está interessado, por exemplo as relacionadas com serviços não disponíveis na sua rede. Se tiver recursos de hardware adicionais, pode também activar regras adicionais.

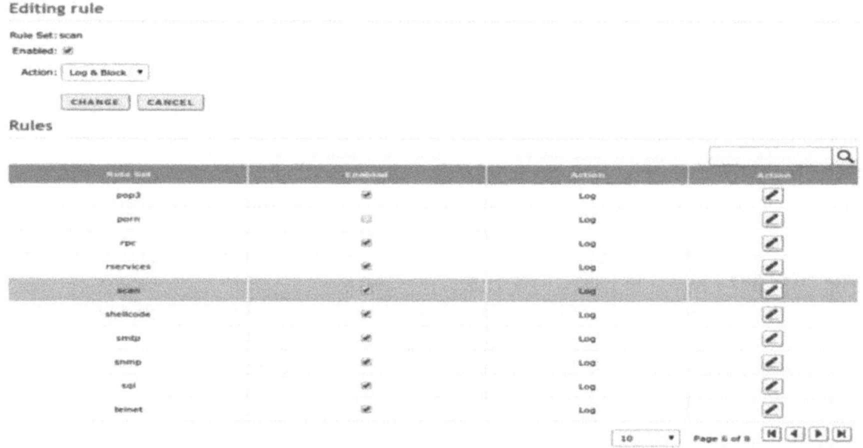

Figura 59: Edição de regras de intrusão

3.2.1.7.2- Alertas IDS/IPS

O módulo IDS / IPS está integrado com o módulo de registo Zentyal, por isso se este último estiver activado, pode consultar os vários alertas IDS usando o procedimento habitual. Também é possível configurar um evento para um destes alertas para informar o administrador do sistema.

Date	Priority	Description	Source	Destination	Protocol	Event
2013-09-06 18:28:26	2	DNS named version attempt (Attempted Inf...	192.168.56.1:46190	192.168.56.205:53	UDP	Alert
2013-09-06 18:28:25	2	SCAN nmap XMAS (Attempted Information Le...	192.168.56.1:47320	192.168.56.205:20	TCP	Alert
2013-09-06 18:28:25	1	SHELLCODE x86 inc ebx NOOP (Executable c...	192.168.56.1:47361	192.168.56.205:44609	UDP	Alert
2013-09-06 18:28:25	2	SCAN nmap XMAS (Attempted Information Le...	192.168.56.1:47320	192.168.56.205:20	TCP	Alert
2013-09-06 18:28:25	1	SHELLCODE x86 inc ebx NOOP (Executable c...	192.168.56.1:47361	192.168.56.205:44609	UDP	Alert
2013-09-06 18:28:25	2	SCAN nmap XMAS (Attempted Information Le...	192.168.56.1:47320	192.168.56.205:20	TCP	Alert
2013-09-06 18:28:25	1	SHELLCODE x86 inc ebx NOOP (Executable c...	192.168.56.1:47361	192.168.56.205:44609	UDP	Alert
2013-09-06 18:28:25	2	SCAN nmap XMAS (Attempted Information Le...	192.168.56.1:47320	192.168.56.205:20	TCP	Alert
2013-09-06 18:28:25	1	SHELLCODE x86 inc ebx NOOP (Executable c...	192.168.56.1:47361	192.168.56.205:44609	UDP	Alert
2013-09-06 18:28:25	3	ICMP PING (Misc activity)	192.168.56.1:8	192.168.56.205:0	ICMP	Alert
2013-09-06 18:28:25	3	ICMP PING undefined code (Misc activity)	192.168.56.1:8	192.168.56.205:9	ICMP	Alert
2013-09-06 18:28:23	2	SCAN nmap XMAS (Attempted Information Le...	192.168.56.1:47320	192.168.56.205:20	TCP	Alert
2013-09-06 18:28:23	1	SHELLCODE x86 inc ebx NOOP (Executable c...	192.168.56.1:47361	192.168.56.205:41506	UDP	Alert
2013-09-06 18:28:23	2	SCAN nmap XMAS (Attempted Information Le...	192.168.56.1:47320	192.168.56.205:20	TCP	Alert
2013-09-06 18:28:23	1	SHELLCODE x86 inc ebx NOOP (Executable c...	192.168.56.1:47361	192.168.56.205:41506	UDP	Alert

Page 1 of 6

Figure 60: alarme de intrusão

60.2.1.8-Serviço de autenticação de rede (RADIUS)

Para configurar o servidor RADIUS em Zentyal, deve primeiro verificar o estado do módulo se os Utilizadores e Computadores estão activados, pois o RADIUS depende disso. Pode criar um grupo e os seus utilizadores a partir do menu Utilizadores e Computadores ► Gerir. Enquanto edita um grupo, pode escolher os utilizadores que a ele pertencem. As opções de configuração para utilizadores e grupos são explicadas em detalhe no capítulo Utilizadores, Computadores e Partilha de Ficheiros.

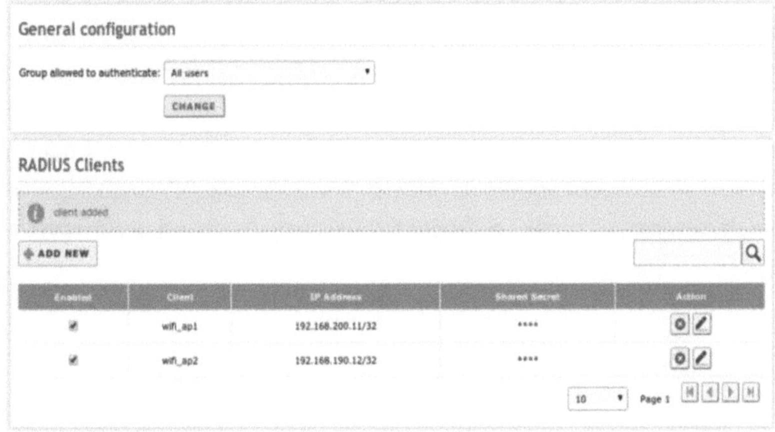

Para configurar o serviço, mudar para RADIUS no menu da esquerda. Aqui pode definir se todos os utilizadores ou utilizadores pertencentes a um grupo específico poderão aceder ao serviço.

Todos os dispositivos NAS que enviarão pedidos de autenticação à Zentyal devem ser especificados nos clientes RADIUS. Para cada um deles, é possível definir:

> Activado: Se o NAS estiver activado.

> Cliente: Nome para este cliente, ideia semelhante ao nome do anfitrião.

> Endereço IP: o endereço IP ou intervalo de endereços IP a partir dos quais é permitido enviar pedidos para o servidor RADIUS.

> Palavra-passe partilhada: palavra-passe para autenticação e comunicação directa entre o servidor RADIUS e o NAS. Esta palavra-passe deve ser conhecida por ambas as partes.

3.2.2- Serviço de correio electrónico

3.2.2.1-   Configuração do servidor SMTP / POP3-IMAP4 com Zentyal

3.2.2.1.1- Recepção e transmissão de correio

Para compreender a configuração do sistema de correio, a diferença entre receber correio e reencaminhar correio deve ser clara. A recepção ocorre quando o servidor aceita uma mensagem de correio electrónico cujos destinatários contêm uma conta pertencente a um dos seus domínios de correio virtual. O correio pode ser recebido de qualquer cliente capaz de se ligar ao servidor. A retransmissão ocorre quando o servidor de correio recebe uma mensagem cujos destinatários não pertencem a nenhum dos seus domínios de correio virtual geridos, exigindo que a mensagem seja reencaminhada para outros servidores. A retransmissão de correio é restrita, caso contrário os spammers podem utilizar o servidor para enviar spam através da Internet. Configuração geral Acesso ao e-mail ► Opções gerais do servidor de correio ► **Opções do** servidor de correio ►, é possível configurar as configurações gerais do serviço de correio:

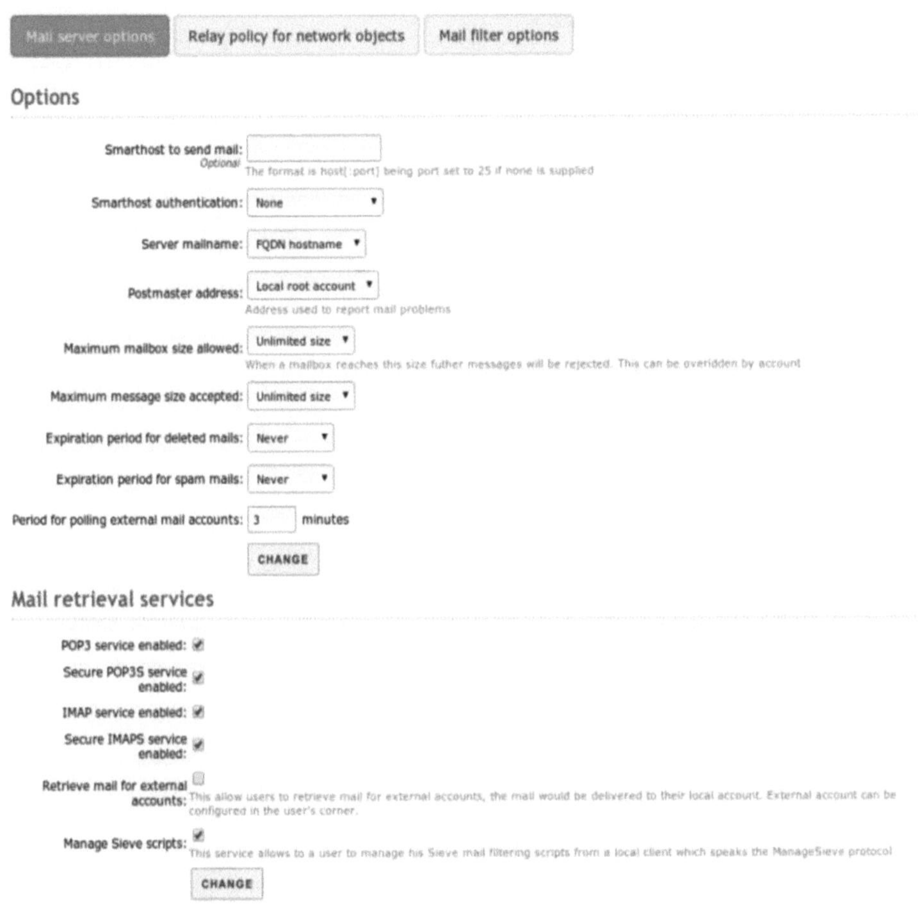

Figura 62: Configuração do servidor SMTP

Smarthost para enviar correio:

Se esta opção for definida, Zentyal não enviará as suas mensagens directamente, mas cada e-mail recebido será encaminhado para o smarthost sem guardar uma cópia. Neste caso, Zentyal é um intermediário entre o utilizador que envia o correio electrónico e o servidor que envia a mensagem.

Aqui pode definir o nome de domínio ou o endereço IP do smarthost. Pode também especificar uma porta adicionando o texto: [port_number] após o endereço. A porta padrão é a porta SMTP padrão, 25.

Autenticação Smarthost: define se o smarthost requer ou não autenticação usando um par de utilizadores ou palavra-passe.

Nome de correio do servidor: define o nome de correio visível do sistema; será utilizado pelo servidor de correio como o endereço local do sistema.

Endereço postal: O endereço postal padrão é um pseudónimo do utilizador root, mas pode ser definido para qualquer conta; pertencente a um dos domínios de correio virtual gerido ou não gerido.

Esta conta destina-se a ser uma forma padrão de acesso ao administrador do servidor de correio. As mensagens de notificação geradas automaticamente utilizarão geralmente o correio postal como endereço de resposta.

Tamanho máximo permitido da caixa de correio: utilizando esta opção pode especificar um tamanho máximo em MB para as caixas de correio de qualquer utilizador. Todo o correio que exceda o limite será rejeitado e o remetente receberá uma notificação. Esta definição poderá ser anulada por um utilizador na página Gerir Utilizadores e Computadores ►.

Tamanho máximo de mensagem aceite: isto indica o tamanho máximo de mensagem, se houver, aceite pelo smarthost em MB. Isto é aplicado independentemente de qualquer limite de tamanho da caixa de correio do utilizador.

Prazo de validade para correio eliminado: Se activar esta opção, as mensagens na pasta do lixo dos utilizadores serão eliminadas quando as suas datas excederem o limite estabelecido.

Prazo de validade do spam: Esta opção aplica-se, da mesma forma que a opção anterior, mas refere-se à pasta de spam dos utilizadores.

Além disso, o Zentyal pode ser configurado para retransmitir correio sem autenticação a partir de certos endereços de rede. Para o fazer, pode adicionar políticas de retransmissão para objectos de rede Zentyal através do Mail ► Geral ► Política de retransmissão para objectos de rede. As políticas são baseadas no endereço IP do cliente de origem do correio. Se a retransmissão for permitida por um objecto, cada membro do objecto pode retransmitir correio electrónico através do Zentyal.

Figura 63: Correio de retransmissão

Tenha cuidado ao utilizar uma política de Relay Aberto, ou seja, transmitir correio electrónico a partir de qualquer lugar, pois o seu servidor de correio electrónico tornar-se-á provavelmente uma fonte de spam. Finalmente, o servidor de correio electrónico pode ser configurado para utilizar um filtro de conteúdo para mensagens. Para tal, o servidor de filtragem deve receber a mensagem de uma porta específica e enviar o resultado para outra porta onde o servidor de correio é obrigado a ouvir a resposta. Pode escolher um filtro de correio personalizado ou utilizar Zentyal como filtro de correio por correio ► Geral

► Opções de filtro de correio. Se o módulo de filtragem de correio estiver instalado e activado, será utilizado por defeito.

Figura 64: Filtragem de correio

3.2.2.1.2-   Criação de conta por e-mail através de domínios virtuais

Para criar uma conta de correio, é necessário pelo menos um domínio virtual e um utilizador. Pode criar tantos domínios virtuais quantos desejar no Mail ► Domínios virtuais. Eles fornecem o nome de domínio para as contas de correio electrónico dos utilizadores do Zentyal. Além disso, é possível definir pseudónimos para um domínio virtual, para que o envio de um e-mail para um determinado domínio virtual ou um dos seus pseudónimos se torne transparente.

Figura 65: Criação de domínio virtual

Para criar contas de correio electrónico, é necessário seguir as mesmas regras utilizadas na criação de partilha de ficheiros. Pode seleccionar o domínio virtual primário para o utilizador a partir de Users and Computers ► Manage. Pode criar pseudónimos se quiser definir mais do que um endereço de correio electrónico único para um utilizador. Independentemente de terem sido utilizados pseudónimos, as mensagens de correio electrónico são guardadas apenas uma vez numa caixa de correio. No entanto, não é possível utilizar o pseudónimo para autenticar, deve utilizar sempre a conta real.

Figura 66: Criação de uma conta de correio

Note que pode decidir se uma conta de e-mail deve ser criada por defeito quando um novo utilizador é adicionado ao Zentyal. Pode alterar este comportamento em User and Computers ► Modelo de utilizador.

Da mesma forma, é possível criar pseudónimos para grupos de utilizadores. As mensagens recebidas por estes pseudónimos são enviadas a cada utilizador do grupo com uma conta de correio electrónico. As alcunhas de grupo são criadas através de Utilizadores e Computadores ► Gerir, seleccionar o grupo desejado e criar uma alcunha para a conta de correio electrónico. As alcunhas de grupo só estão disponíveis quando pelo menos um utilizador do grupo tem uma conta de correio electrónico.

Também pode definir um pseudónimo numa conta externa, ou seja, contas de correio associadas a domínios não geridos pelo seu servidor. O correio enviado para este pseudónimo será encaminhado para a conta externa. Estes tipos de pseudónimos são definidos num domínio virtual e não requerem uma conta de correio electrónico. Podem ser configurados no Mail ► Domínios Virtuais ► Aliases de contas externas.

3.2.2.1.3- Recuperação de correio de contas externas com Fetchmail

Por vezes os seus utilizadores querem manter novos e-mails das suas contas antigas, por exemplo de um trabalho anterior, se for este o caso, Zentyal inclui uma funcionalidade baseada em Fetchmail que funciona como cliente de e-mail adicional para os utilizadores do domínio. Para activar a funcionalidade Fetchmail, vá a: menuselection: Mail -> General -> Mail Server Options e na secção Mail Retrieval Services, na parte inferior, pode seleccionar a opção Retrive mail for external accounts. Uma vez activada a opção Fetchmail, guardar as alterações, então pode configurar a conta externa a partir de: menuselection: Users and Computers -> Manage. Seleccione o utilizador e no final do painel de controlo, nas definições da conta de correio, pode incluir a configuração da conta externa:

Figura 67: Configuração da conta de correio

3.2.2.2.1- Esquema de filtragem de mensagens em Zentyal

Zentyal oferece um filtro de correio electrónico poderoso e flexível para defender a sua rede e os utilizadores contra estas ameaças.

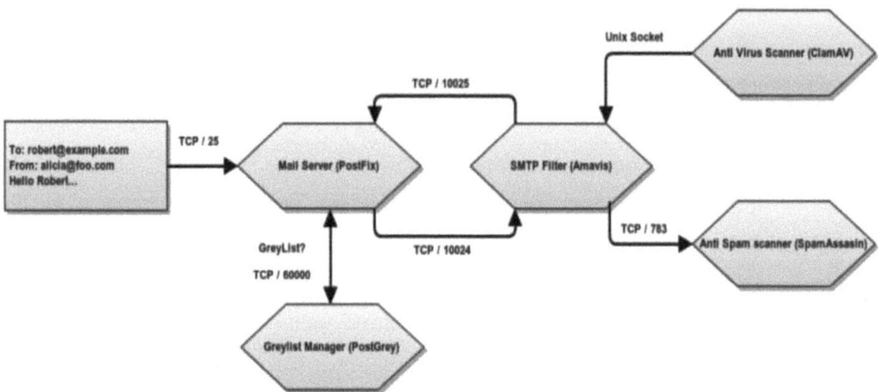

Figura 68: Filtro de e-mail em Zentyal

Na figura, pode ver as diferentes etapas pelas quais passa um e-mail antes de ser rotulado como válido ou inválido. Primeiro, o servidor de correio electrónico envia-o para o gestor da política de listas cinzentas e, se for considerado potencial spam, o sistema solicita que o correio electrónico seja encaminhado para o servidor de origem. Se o correio electrónico passar por este filtro, ele passará para o filtro de correio. Este irá utilizar um filtro estatístico para verificar uma série de características do correio electrónico para descobrir se contém um vírus ou spam. Se o correio electrónico passar por todos os filtros, é considerado válido e enviado para o destinatário ou armazenado na caixa de correio do servidor. Nesta secção, os detalhes de cada filtro e como configurá-los em Zentyal serão explicados passo a passo.

3.2.2.2.2- Lista Cinzenta

As listas cinzentas exploram o desempenho esperado dos servidores de correio dedicados ao spam. O comportamento é correspondido e todas as mensagens nos servidores ou são descartadas ou não, dificultando assim o processo de spam.

Estes servidores são optimizados para enviar o maior número possível de e-mails no menor tempo possível. Para tal, as mensagens são geradas automaticamente e enviadas sem ter em conta se são recebidas. Quando se tem um sistema de lista cinzenta, as mensagens de correio electrónico que são consideradas como potencial spam são rejeitadas e o servidor de correio electrónico é solicitado a enviar o correio electrónico novamente. Se o servidor for de facto um servidor de spam, provavelmente não dispõe das ferramentas para tratar deste pedido e, por conseguinte, o e-mail nunca chegará ao destinatário. Pelo contrário, se o e-mail era legítimo, o servidor de envio simplesmente redirecciona o correio.

A estratégia de Zentyal é fingir que está em baixo. Quando um novo servidor envia um e-mail, Zentyal responde "Estou temporariamente em baixo" durante os primeiros 300 segundos (2). Se o servidor remetente cumprir o pedido, reenviará o email após este período e Zentyal marcá-lo-á como um servidor válido.

Zentyal não inclui emails enviados de redes internas na lista cinzenta, ou de objectos com uma política de retransmissão de emails permitida ou de endereços que estejam na lista branca anti-spam. Na realidade, o servidor de correio responde "Greylisted", ou seja, movido para a lista cinzenta e à espera para permitir ou não o envio, uma vez passado o tempo configurado. A lista cinzenta pode ser configurada através do Mail ► Lista cinzenta com os seguintes valores:

Greylist configuration

Enabled: ☑

Greylist duration (seconds): `300`
During this interval, the mail sender is deferred

Retry window (hours): `48`
Time that mail sender has to retry to be added before it will be greylisted again

Entries time to live (days): `35`
Period till unseen entries will be deleted

CHANGE

Figura 69: Configuração da lista branca

Sistema de filtragem de conteúdos

A filtragem do conteúdo do correio electrónico é tratada pelos detectores de antivírus e spam. Para realizar esta tarefa, Zentyal utiliza uma interface entre o MTA e estas aplicações. Portanto, a nova aplicação amavisd é utilizada para garantir que o correio electrónico não é spam e não contém vírus.

Além disso, amavisd efectua as seguintes verificações:

> *Extensões de ficheiros e listas a preto e branco.*

> *Correcção de e-mails com cabeçalhos mal formados.*

Antivírus

Zentyal utiliza o antivírus ClamAV, um conjunto de ferramentas antivírus especificamente concebido para analisar anexos num MTA. ClamAV utiliza um programa de actualização de base de dados que permite a actualização de actualizações agendadas e assinaturas digitais através do novo programa. Além disso, o antivírus é capaz de analisar vários formatos de ficheiro nativamente, tais como Zip, BinHex, PDF, etc. No Antivírus é possível verificar se o sistema antivírus está instalado e actualizado.

Antivirus

Database Update Status

Status: Last update successful.
Date: Fri Sep 21 20:29:07 2012
Signatures: 1302178

Figura 70: Antivírus Actualizado

Pode actualizá-lo a partir da Gestão de Software, como verá nas actualizações de software. É opcional instalar o módulo antivírus, mas se o instalar, pode ver que integra vários outros módulos Zentyal. Esta integração aumenta a segurança das opções de configuração de diferentes serviços, tais como filtro SMTP, proxy HTTP ou partilha de ficheiros.

Anti-spam

O filtro de spam dá a cada e-mail uma pontuação de spam e se o e-mail atingir o limiar de spam, é considerado como spam. Caso contrário, é considerado como correio electrónico legítimo. Este último tipo de correio electrónico é muitas vezes chamado presunto.

O Spam Scanner utiliza as seguintes técnicas para atribuir pontuações:

>Listas negras publicadas via DNS (DNSBL).

>URI listas negras que lidam com sites anti-spam.

>Filtros baseados no checksum da mensagem, verificando se os e-mails que são

> Idêntico , mas com algumas alterações.

>Filtro Bayesiano, um algoritmo estatístico que deriva dos seus erros do passado

>Ao classificar um e-mail como spam ou presunto.

>Regras estáticas .

Antispam configuration

Spam threshold: 5
The score threshold to mark a message as spam

Spam subject tag:
Optional
Tag which will be added to the spam mail subject

Use Bayesian classifier: ☑

Auto-whitelist: ☑
Change the score of mail according to the sender history

Auto-learn: ☑
Feedback the learning system with messages that reach the threshold

Autolearn spam threshold: 11
Spam messages with a score equal or greater than this threshold will be added to the learning system

Autolearn ham threshold: -1
Ham messages with a score below this threshold will be added to the learning system

CHANGE

Sender policy

ADD NEW

Train bayesian spam filter

Mailbox: Choose File No file chosen

Mailbox contains: spam ▼

TRAIN

Figura 71: Configuração anti-spam

A configuração geral do filtro é feita a partir do filtro de correio ► Antispam:

Limiar de spam: O correio será considerado como spam se a pontuação for superior a este valor. Etiqueta de Assunto de Spam: Etiqueta para adicionar ao assunto do correio em caso de spam. Utilizar classificador Bayesiano: Se marcado, será utilizado o filtro Bayesiano. Se não, será ignorado Lista branca automática: considera o histórico da conta do servidor de envio dando a pontuação à mensagem; se o remetente tiver enviado muitos emails de presunto, é muito provável que o próximo email seja de presunto e não de spam. Auto-aprendizagem: se marcado, o filtro aprende a partir das mensagens recebidas, cuja pontuação ultrapassa os limiares de aprendizagem automática. Correcção automática dos limiares de spam: o filtro aprenderá que o e-mail é spam se a pontuação for superior a este valor. Não se deve definir um valor baixo, pois isto pode causar falsos positivos. O valor deve ser superior ao limiar de "spam". Limitação automática de presunto: o filtro aprenderá que o correio electrónico é juvenil se a pontuação for inferior a este valor. Não deve definir um valor alto, uma vez que isto pode causar falsos negativos. O valor deve ser inferior a 0. A partir da política do remetente pode configurar quais os emails dos remetentes que são sempre aceites (lista branca), sempre marcados como spam (lista negra) ou sempre processados pelo filtro de spam (processo). Se um remetente não estiver aqui listado, o comportamento por defeito será processado.

A partir do filtro de spam Bayesian Train, pode treinar o filtro Bayesian enviando-lhe uma caixa de correio em formato Mbox (7), contendo apenas correio não desejado ou presunto. Pode encontrar muitos ficheiros de exemplo na Internet para treinar o filtro Bayesian, mas geralmente obtém resultados mais precisos se utilizar um e-mail recebido dos sítios que precisa de proteger. Quanto mais o filtro for treinado, melhores resultados obterá ao testar se uma mensagem é ou não spam.

3.2.2.3-   *Filtro de correio SMTP*

A partir do filtro de e-mail ► SMTP mail filter, é possível configurar o comportamento dos filtros descritos, quando Zentyal recebe correio via SMTP. A partir de General, pode configurar o comportamento geral de todo o correio de entrada:

Figura 72: Filtro de correio SMTP

Activado: *Verificar para activar o filtro SMTP.*

Antivírus activado: *Verificar se o filtro está a verificar a existência de vírus.*

Anti-spam activado: Verificar se o filtro está à procura de spam.

Porta de serviço: porta a ser utilizada pelo filtro SMTP.

Nas políticas de filtragem pode configurar a forma como o filtro deve agir com diferentes tipos de e-mails.

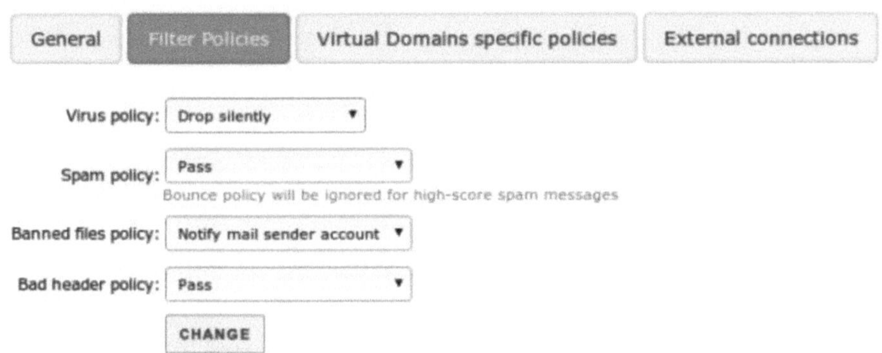

Figura 73; Tipo de filtro SMTP

Pode realizar as seguintes acções com e-mails problemáticos:

Passe: Não faça nada, deixe o e-mail chegar ao destinatário. No entanto, em alguns casos, tais como vírus, o servidor de correio electrónico acrescentará um aviso sobre o correio electrónico.

Notificar a conta de envio de correio: descartar a mensagem antes de esta chegar ao destinatário, notificando a conta de envio original.

Notificar o servidor de envio: descartar a mensagem antes de esta chegar ao destinatário, notificando o servidor da conta de envio, é muito comum que o servidor notifique o seu utilizador de uma mensagem não entregue enviada para a mensagem do remetente.

Discutir silenciosamente a mensagem antes de chegar ao destinatário, sem notificar o remetente ou o seu servidor.

A partir dos domínios virtuais, é possível configurar o comportamento do filtro para os domínios virtuais do servidor de correio. Estas configurações substituem as configurações por defeito previamente definidas.

Para personalizar a configuração de um domínio de correio virtual, clique em Add New.

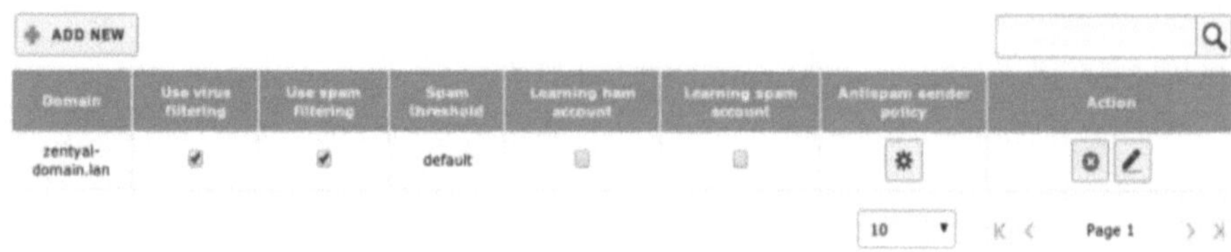

Figura 74: personalização do domínio do correio virtual

Os parâmetros que podem ser sobrepostos são os seguintes:

Domínio: O domínio virtual que deseja personalizar. Os configurados no Mail são de domínio virtual estão disponíveis.

Utilizar filtragem de vírus/spam: se activado, o e-mail recebido neste domínio será filtrado para vírus ou spam

Limiar de spam: pode utilizar a pontuação padrão de spam ou o valor personalizado.

Conta de aprendizagem Ham@domain / spam: Se activada, serão criadas contas Ham@domain e spam@domain. Os utilizadores podem enviar emails para estas contas e treinar o filtro. Todos os e-mails enviados para o ham@domain serão registados como não spam, os e-mails enviados para o domínio spam serão registados como spam.

Uma vez adicionado o domínio, pode adicionar endereços à sua lista branca, lista negra ou forçar o tratamento da política anti-spam para os remetentes.

3.2.2.4- *OpenChange (Microsoft(R) Exchange substituição nativa)*

3.2.2.4.1- Introdução à tecnologia OpenChange

Zentyal apresenta o OpenChange, o primeiro e único substituto nativo para as tecnologias Microsoft® Exchange Server. Com OpenChange, os clientes Microsoft Outlook® continuam a trabalhar inalterados, sem necessidade de plug-ins, reconfigurações ou migração. OpenChange consegue total compatibilidade porque implementa os mesmos protocolos MAPI (1) que os clientes de e-mail e groupware existentes: o protocolo MAPI e, quando aplicável, ActiveSync®. Estes protocolos tratam não só do correio electrónico, mas também de listas de contactos e calendários. Para além de ser um servidor MAPI, OpenChange é uma ponte entre MAPI e estes protocolos padrão da Internet (IMAP, SMTP, CalDAV, etc.), mantendo ambos os lados em sincronia. Uma mensagem na caixa de entrada do Microsoft Outlook® é visível na visualização do Mozilla Thunderbird da mesma conta via IMAP e, quando apagada, a mensagem desaparece em ambos os lados. Da mesma forma, uma entrada de calendário feita no Mozilla Lightning através do protocolo CalDAV é visível e editável a partir do Microsoft Outlook®. Para obter uma visão geral da localização do OpenChange em relação aos outros componentes Zentyal e a base das suas interacções e protocolos, pode ver o seguinte diagrama:

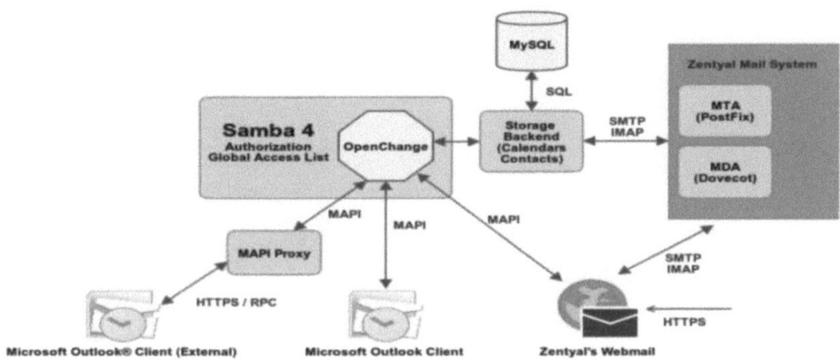

Figura 75: OpenChange

O próprio OpenChange é um plug-in Samba4, utilizando Samba4 para informação do utilizador, autenticação e o serviço de lista de endereços global, que contém as contas de utilizador da organização. Como mencionado anteriormente, o cliente Microsoft Outlook® pode comunicar nativamente com este componente, não há necessidade de se juntar ao cliente num domínio ou instalar software externo. O OpenChange tem uma camada de abstracção que lhe permite comunicar com diferentes backends de armazenamento. Este backend será responsável por armazenar e servir as várias bases de dados necessárias para permitir a colaboração de groupware, utilizando uma base de dados MySQL e para se ligar ao sistema de mensagens, falando com os componentes de mensagens padrão nos seus protocolos nativos (tipicamente IMAPS e SMTPS). Para além das ligações estabelecidas na rede da organização, os seus clientes Microsoft Outlook® podem ligar-se a partir de qualquer ponto da Internet graças ao componente MAPI Proxy, capaz de encapsular o protocolo utilizando HTTP/RPC. Zentyal oferece uma plataforma de Webmail integrada com OpenChange (não confundir com o serviço genérico de Webmail). Usando esta plataforma, pode fornecer um gateway HTTP / HTTPS para interagir com todas as funcionalidades mencionadas no correio e groupware.

Criação de um servidor autónomo OpenChange

OpenChange depende dos componentes Users, Computers and File Sharing (Samba4) e Email Service (SMTP / POP3-IMAP4), como derivado do diagrama. Isto significa que o seu servidor Zentyal já tem um domínio compatível com Microsoft® Server e um domínio de correio virtual que será utilizado para fornecer serviços OpenChange.

Após a instalação e activação do módulo, é necessário fornecer o OpenChange.

Ir para OpenChange ► Configuração onde pode ver a página seguinte:

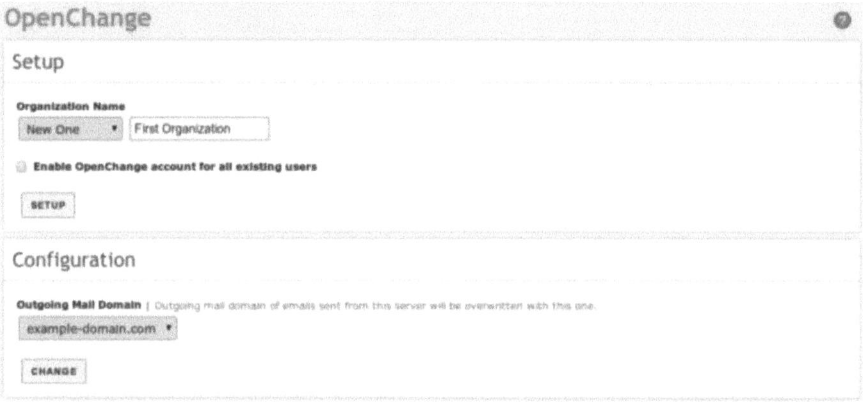

Figura 76: Configuração do servidor OpenChange

No cenário autónomo, este será o primeiro servidor de troca, pelo que no menu pendente escolherá Novo e seleccionará Nome da Organização. Este nome tornar-se-á um nó na árvore do Samba4 Active Directory que conterá todos os atributos relacionados com o ambiente Microsoft® Exchange.

Uma vez clicado em Configuração, OpenChange será provisionado, modificando o esquema do Samba4 Active Directory. Esta modificação torna o novo esquema compatível com um Microsoft® Windows Server que também tem um Microsoft® Exchange Server, tornando-se assim o seu controlador adicional.

Como pode ver na imagem do ecrã, uma conta OpenChange pode ser automaticamente fornecida a todos os utilizadores existentes deste Servidor Zentyal.

As contas OpenChange estão desactivadas por defeito para novos utilizadores, se quiser fornecer automaticamente aos novos utilizadores uma conta OpenChange, terá de alterar o modelo de utilizador de Utilizadores e Computadores ► Modelo de utilizador.

3.2.2.5- *Configuração do servidor OpenChange como um servidor de troca adicional*

Para configurar o nosso módulo OpenChange em modo adicional, deve primeiro ter o Servidor Zentyal no Domínio Windows, como especificado no capítulo Utilizadores, Computadores e Partilha de Ficheiros. O seu servidor pode ser uma troca adicional, tanto se for o controlador principal do domínio ou apenas um controlador de domínio adicional. Com o seu servidor Zentyal já ligado ao domínio, acede à configuração OpenChange e escolhe a organização existente a partir da lista pendente

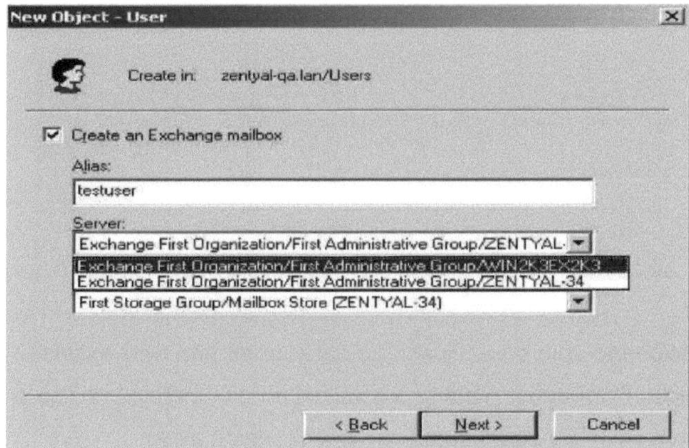

Figura 77: A organização existente na lista pendente

A partir do nosso servidor Microsoft® Exchange, pode verificar a lista de servidores de troca disponíveis criando uma nova caixa de correio

Figura 78: Lista de servidores de troca disponíveis

3.2.2.6- *Configuração de cliente Microsoft® Outlook*

Existem essencialmente três cenários de configuração diferentes:

> O cliente está na rede da organização e adere ao domínio

> O cliente está na rede da organização mas não está associado ao domínio

> O cliente quer utilizar o Microsoft® Outlook® a partir de uma rede externa (através da Internet)

O primeiro caso é bastante simples, uma vez que as credenciais do utilizador já estão carregadas no início de sessão.

Zentyal OpenChange permite um protocolo de auto-descoberta para o Microsoft® Outlook e permite que a conta seja criada automaticamente utilizando apenas a informação fornecida no início de sessão.

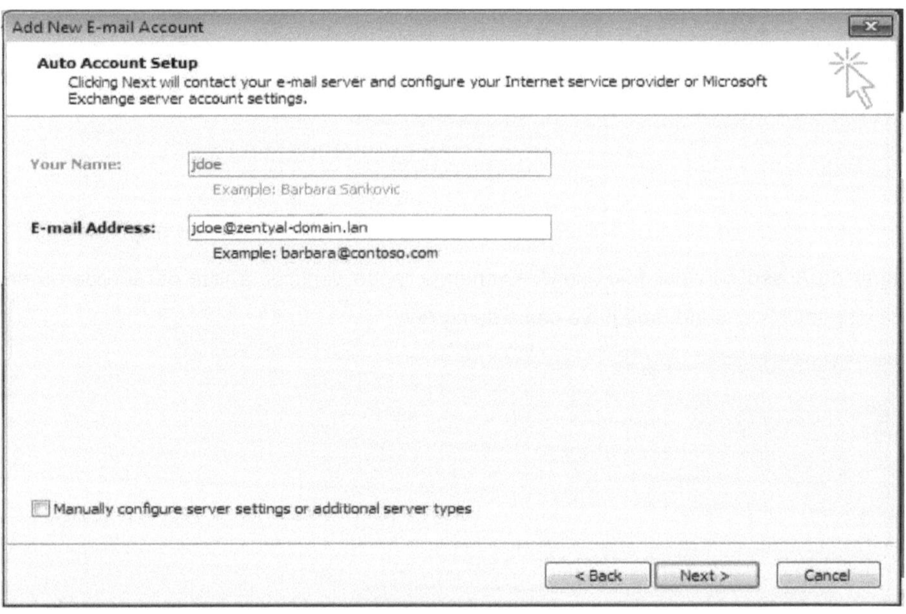

Figura 79: Criar automaticamente a conta

Poderá receber um aviso relacionado com o certificado do servidor se não tiver assinado o certificado com uma AC válida. Para saber mais sobre validação de certificados, leia o capítulo Autoridade Certificadora (AC). É seguro continuar, apesar deste aviso.

Uma vez concluído o assistente de configuração, o seu cliente Microsoft® Outlook® estará pronto a usar:

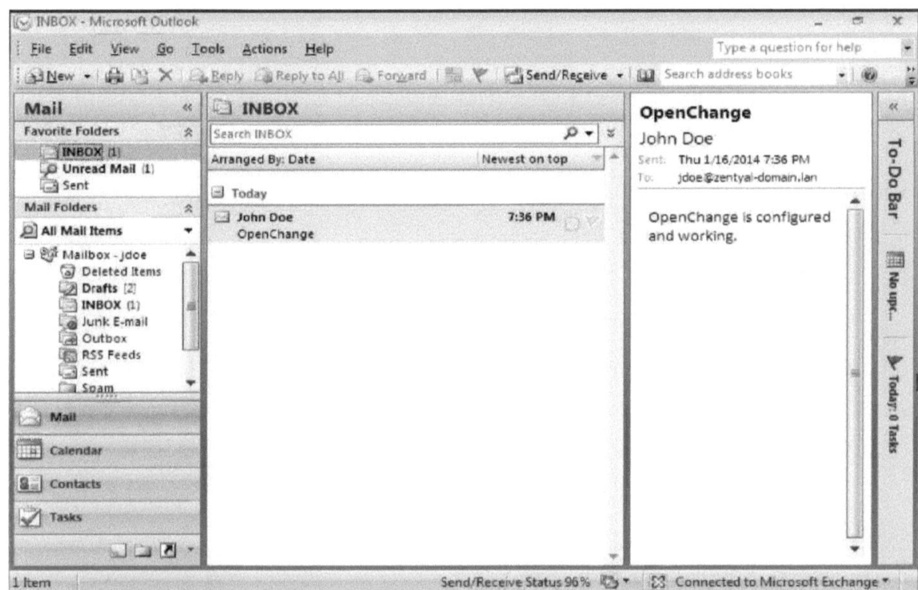

Figura 80: A conta Outlook está pronta

Se o cliente estiver localizado dentro da rede mas não ligado ao domínio, a única diferença será na definição das credenciais do utilizador.

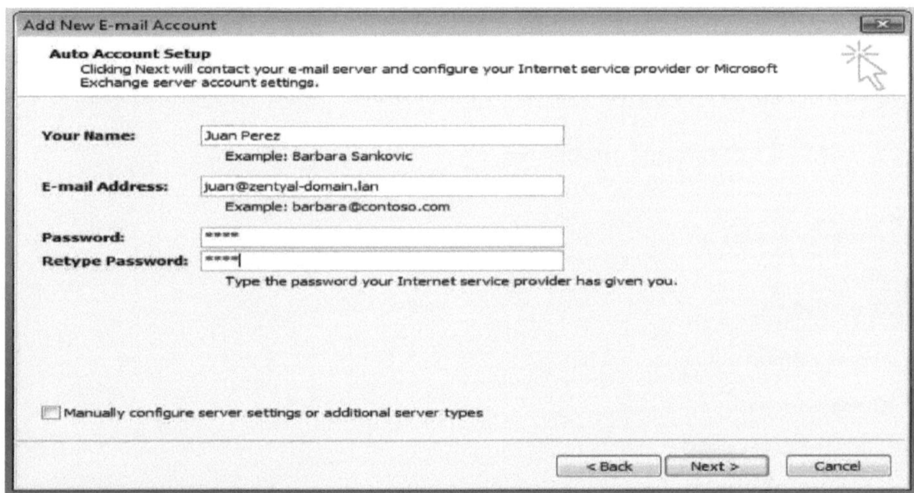

Figura 81: Informação de identificação

Terá de voltar a iniciar sessão no final do processo

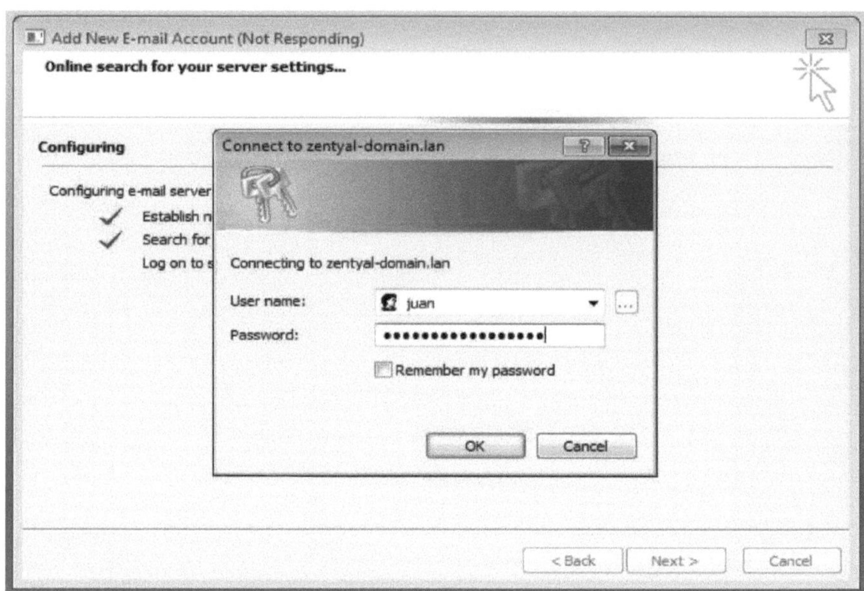

Figura 82: Ligação

No terceiro caso, ao ligar um cliente Microsoft Outlook® a partir de qualquer ponto da Internet, será necessário activar primeiro o proxy MAPI descrito na arquitectura. Pode fazê-lo a partir da página de configuração Zentyal OpenChange. As opções da interface MAPI Proxy só aparecerão se os endereços IP externos estiverem correctamente configurados no DNS e associados ao nome do anfitrião.

HTTP/HTTPS proxy access

Host name
zentyal.zentyal-domain.lan

Certificate
⬇ DOWNLOAD

☑ **Access without SSL**

☑ **Access with SSL**

CHANGE

Figura 83: Opções de interface MAPI Proxy

A fim de comunicar com este proxy a partir da Internet, terá de permitir o acesso a partir das interfaces externas de firewall aos protocolos que configurou como HTTP e/ou HTTPS. No cliente, terá de importar o certificado mostrado na imagem acima, especialmente se planeia ligar-se usando HTTPS. Para a configuração do cliente, é necessário utilizar o FQDN do anfitrião do servidor, e não o endereço IP, por isso, se não tiver esse nome configurado num DNS público que possa ser consultado a partir de qualquer ponto da Internet, terá de adicionar a linha de configuração equivalente ao ficheiro do anfitrião no cliente. Uma vez preenchidos todos os requisitos mencionados, é possível lançar o cliente. Selecciona Configurar manualmente tipos de servidores adicionais

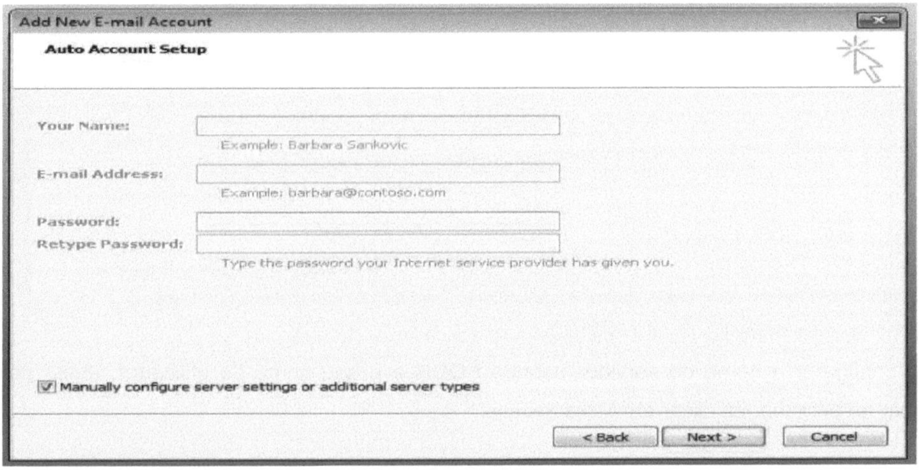

Figura 84: Configuração manual de tipos de servidores adicionais

Conta Microsoft® Exchange:

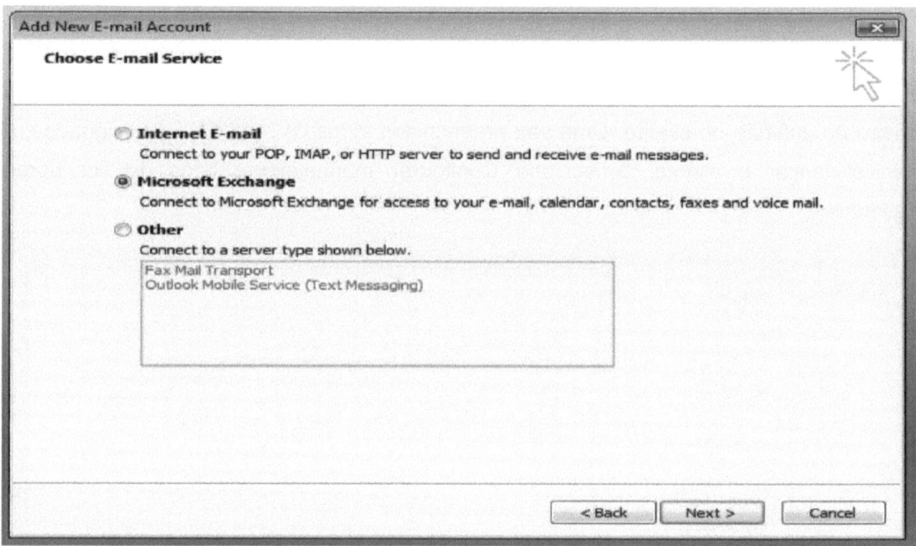

Figura 85: Criação de uma conta Microsoft Exchange

Irá configurar o nome do servidor usando FQDN e o seu nome de utilizador, antes de clicar no próximo, irá clicar em More Settings

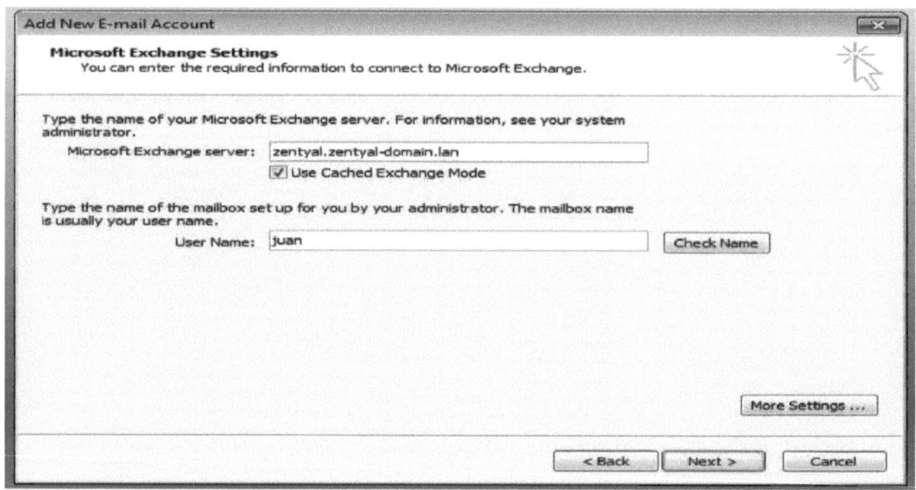

Figura 87: Configuração da conta

A partir do separador Segurança, verifique o comando Pedir sempre as credenciais de login:

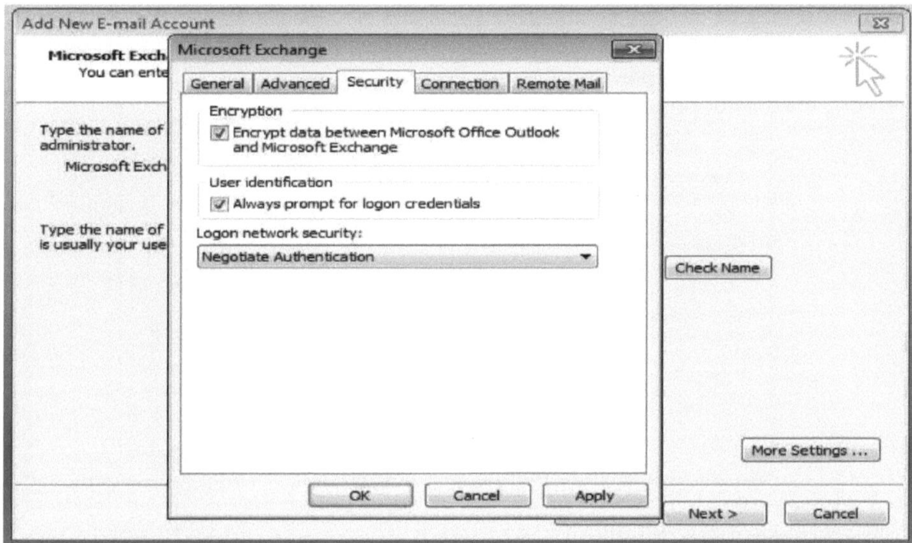

Figura 88: Configuração da conta

No separador Ligação, activa-se o acesso HTTPS (Outlook Anywhere)

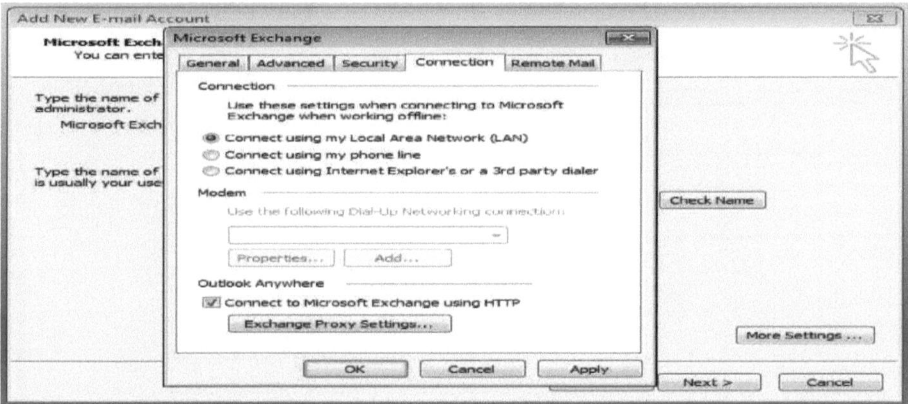

Figura 89: Configuração de contas para uso local

Clica no botão chamado Exchange Proxy Settings. A partir deste ecrã, irá configurar novamente o FQDN do seu servidor:

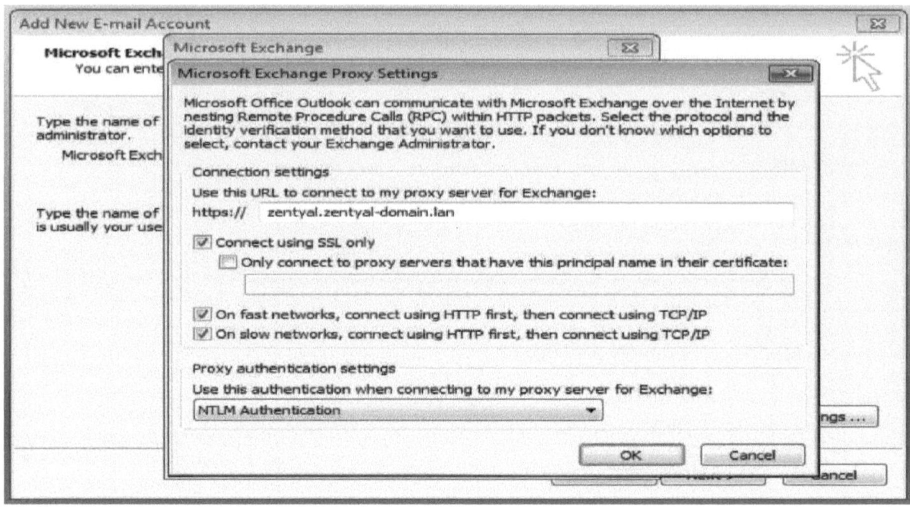

Figura 90: Configuração do FQDN do seu servidor

Após configurar todas estas definições, aplicar as alterações e verificar o nome e as credenciais do utilizador seleccionado. Se o nome aparecer com um sublinhado, significa que foi possível contactar o Proxy e que as credenciais dos utilizadores são válidas.

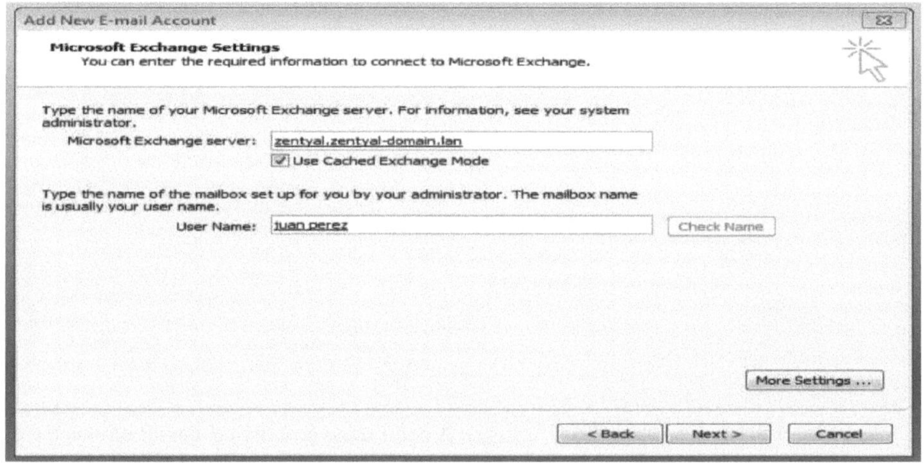

Figura 91: As credenciais de utilizador são válidas

A partir deste ponto, a configuração é idêntica à dos outros casos de utilização.

3.2.2.7- *Criação de notificações 'Out Of Office' no cliente Microsoft Outlook®.*

Um dos filtros de correio mais comuns que os seus utilizadores vão querer configurar é uma resposta automática se não estiverem disponíveis no escritório durante um período de tempo prolongado, para que os seus parceiros tenham consciência de que as suas mensagens não serão respondidas a curto prazo.

A partir do seu cliente Microsoft Outlook®, pode utilizar o assistente para configurar o Away from Home onde pode configurar as seguintes opções

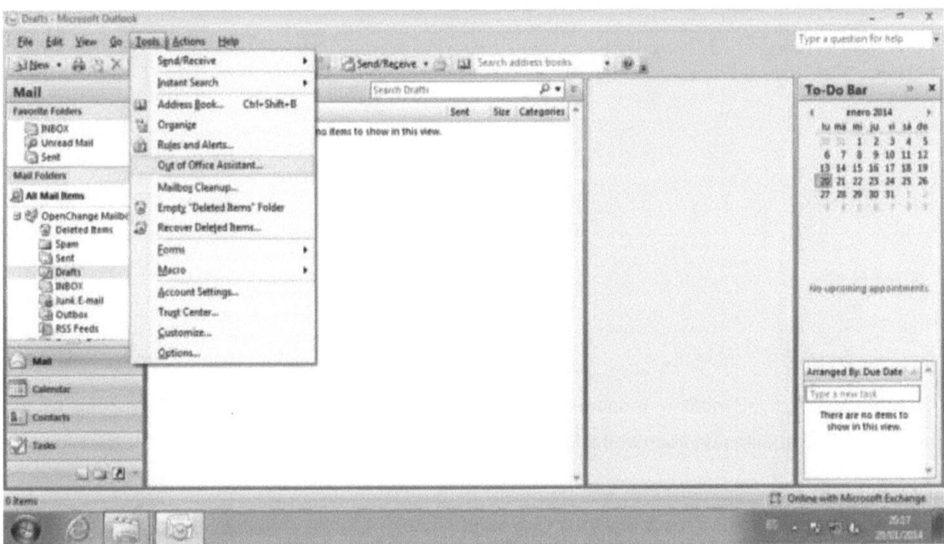

Figura 92: Personalização da sua conta

A partir desta interface, é possível configurar o período de tempo e a mensagem desejada a ser respondida. Pode mesmo configurar mensagens diferentes se a mensagem vier de um utilizador interno (domínio de correio interno) ou de qualquer outro utilizador externo. É importante verificar as actuais limitações desta funcionalidade, descritas no final deste documento.

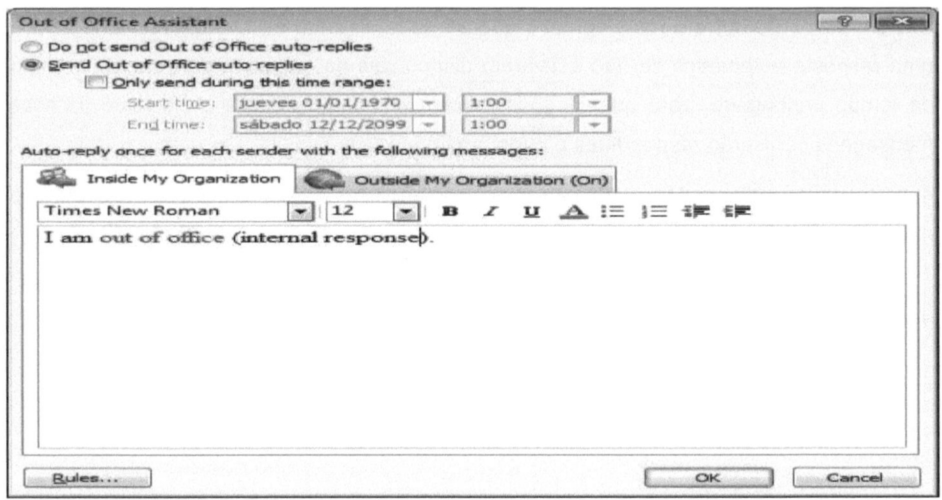

Figura 93: Definição do período e da mensagem desejada a ser respondida

3.2.2.4.2-ActiveSync® apoio

O protocolo ActiveSync® é amplamente utilizado para sincronizar dispositivos móveis e as versões mais recentes do Microsoft® Outlook.

Existem dois pacotes diferentes que fornecem esta funcionalidade no topo do OpenChange (z-push e sogo-activesync), recomenda-se que teste ambos para ver qual deles produz os melhores resultados para a sua implementação.

Terá de ter os módulos zentyal-openchange (> = 3.4.2) e zentyal-webserver. Para sogo-activesync, também terá de ter o zentyal-sogo (OpenChange Webmail) instalado e activado.

Usando a linha de comando:

sudo apt-get install z-push OU (os pacotes são configurados para criar um conflito entre eles):

sudo apt-get install sogo-activesync

Uma vez instalado um dos pacotes, poderá activar ou desactivar a opção ActiveSync a partir da configuração OpenChange na interface Zentyal.

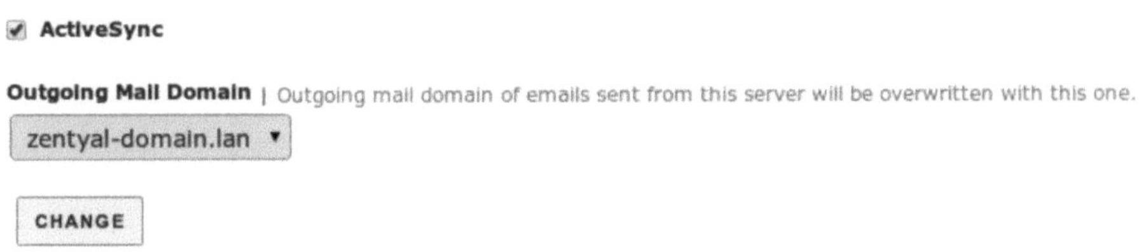

Figura 94: Activar ou desactivar a opção ActiveSync

Os dispositivos terão acesso ao ActiveSync® através do servidor web Zentyal, portas 80 e 443 (SSL activado) por defeito.

CAPÍTULO 4: TESTAR A IMPLEMENTAÇÃO

4.1- Teste da infra-estrutura de rede

Como configurado no capítulo anterior, vamos abrir um terminal na máquina cliente e digitar o seguinte comando **"*ipconfig*"** no Windows ou **"*ifconfig*"** no Linux para obter as informações sobre

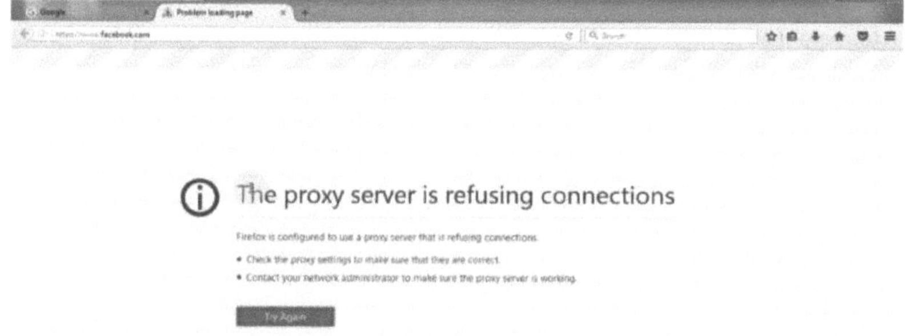

4.2- O servidor proxy

Figura 95: Comando IPconfig

4.2.1- Bloquear o site do Facebook

Figura 96: O servidor proxy de blocos do Facebook

4.2.2- o servidor proxy bloqueia o download de executáveis

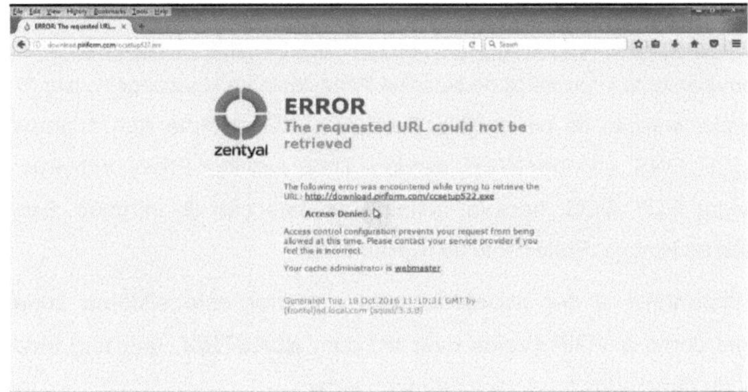

Figura 97: O servidor proxy bloqueia o download de executáveis

4.2.3- Eventos marcados por Zentyal

Date	Host	User	URL	Domain	Bytes	Mime/type	Event
2016-10-18 16:40:44	10.1.0.196	test1.user	www.facebook.com:443	facebook.com	23084	text/html	Denied
2016-10-18 16:40:37	10.1.0.196	test1.user	http://cache.filehippo.com/style/v7/file...	filehippo.com	23607	text/html	Accepted
2016-10-18 16:40:37	10.1.0.196	test1.user	http://cache.filehippo.com/favicon-new.i...	filehippo.com	23548	text/html	Accepted
2016-10-18 16:40:31	10.1.0.196	test1.user	http://download.piriform.com/favicon.ico	piriform.com	6144	application/octet-stream	Accepted
2016-10-18 16:40:31	10.1.0.196	test1.user	http://download.piriform.com/ccsetup522....	piriform.com	24017	text/html	Denied
2016-10-18 16:40:30	10.1.0.196	test1.user	googleads.g.doubleclick.net:443	doubleclick.net	0	-	Accepted
2016-10-18 16:40:30	10.1.0.196	test1.user	staticxx.facebook.com:443	facebook.com	23099	text/html	Denied
2016-10-18 16:40:30	10.1.0.196	test1.user	www.facebook.com:443	facebook.com	23084	text/html	Denied
2016-10-18 16:40:29	10.1.0.196	test1.user	www.facebook.com:443	facebook.com	23084	text/html	Denied
2016-10-18 16:40:22	10.1.0.196	test1.user	http://gv.symcd.com/	symcd.com	1899	application/ocsp-response	Accepted
2016-10-18 16:40:22	10.1.0.196	test1.user	stats.g.doubleclick.net:443	doubleclick.net	4517	-	Accepted
2016-10-18 16:40:22	10.1.0.196	test1.user	http://clients1.google.com/ocsp	google.com	915	application/ocsp-response	Accepted
2016-10-18 16:40:22	10.1.0.196	test1.user	http://ocsp.starfieldtech.com/	starfieldtech.com	2487	application/ocsp-response	Accepted
2016-10-18 16:40:22	10.1.0.196	test1.user	http://ocsp.usertrust.com/	usertrust.com	1010	application/ocsp-response	Accepted
2016-10-18 16:40:22	10.1.0.196	test1.user	http://clients1.google.com/ocsp	google.com	915	application/ocsp-response	Accepted

Page 1 of 5

Figura 98: Eventos marcados por Zentyal

CONCLUSÃO E PERSPECTIVAS

Ao longo do nosso estágio, preocupámo-nos em fornecer uma solução administrativa para os problemas de gestão do equipamento informático do Hospital Protestante de Ngaoundéré. Isto foi conseguido através da implementação de um servidor Zentyal 3.2. O sistema que criámos oferece os serviços de DHCP, DNS, servidor WEB, servidor Time, servidor Proxy, antivírus, correio electrónico, servidor FTP, QOS, backup, sistema de detecção de intrusão. Este trabalho tem dado satisfação ao Hospital Protestante de Ngaoundéré.

Contudo, outro ponto importante a ser abordado para melhorar este sistema seria combinar outra tecnologia como a VOIP (Voice over IP) com ***ELASTRIX***, que tem uma funcionalidade essencial de chamadas telefónicas áudio e vídeo.

BIBLIOGRAFIA

Dissertação de fim de estudo

> Implementação de uma firewall de código aberto *para o diploma de Licença Profissional em Redes, Segurança e Sistemas Informáticos escrito por* **MAKRAZ Hamza**

Sítio Web

> *http://Es.wikipedia.org/wiki/zentyal* consultado ao longo do curso

> https://www.youtube.com/zentyal acedido de 28 de Julho a 21 de Agosto de 2017

> https://www.zenntyal.communty.org consultado ao longo do curso

> https://www.squidgard.net acedido em 15 de Agosto de 2017

> https://www.shaklist.com acedido a 15 de Agosto de 2017

Obras utilizadas

> **Centro de Desenvolvimento de Tecnologias de Informação e Comunicação**; Manual de Administração

> C.VARDON ; O manual do utilizador do LINUX UBUNTU

Anexo 1: Localização geográfica

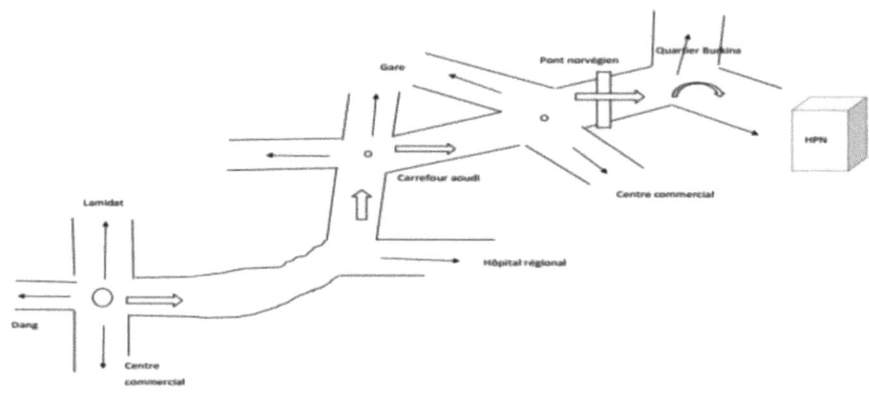

Anexo 2: Organigrama

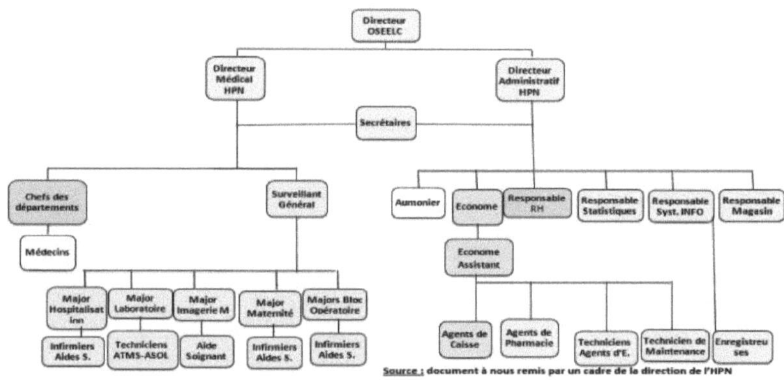

Anexo 3: Lista de equipamento hospitalar

SERVIÇOS	EQUIPAMENTO
Serviço de TI	3 Switches, 2 servidores, uma Orange Flybox, 3 UPS e 2 computadores
Farmácia - Caixa	5 computadores, 2 impressoras e 1 interruptor;
Recuperação - Facturação	6 computadores, 1 interruptor, 2 impressoras, 1 scanner;
Consultórios médicos	7 computadores
SMI	4 computadores, 1 switch
Pediatria	2 computadores
Maternidade	1 computador, 1 interruptor
Bloco operatório	1 computador, 1 interruptor
Emergência	1 computador
Medicina	1 computador, 1 interruptor
Re-cirúrgico	1 computador ;
Laboratório	2 computadores, 1 switch
Radiologia	1 computador, 1 interruptor
Rea-Medical	1 computador, 1 interruptor
Radiologia	1 computador, 1 interruptor
Administração	8 computadores, 1 switch, 1 router
Fisioterapia	1 computador ;
Estatísticas :	2 computadores
Gabinete do Director	1 computador, 1 interruptor
Serviço de manutenção	1 computador
Inscrição	1 computador ;
Início	1 computador

Anexo 4: Proposta de Arquitectura de Rede

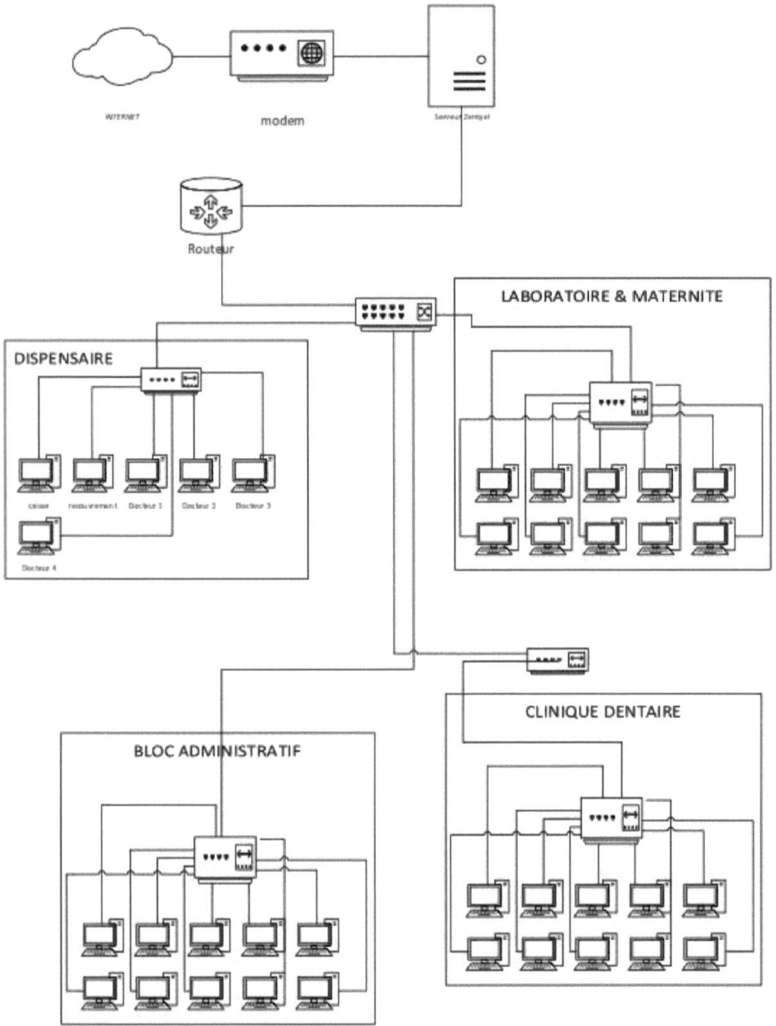

Apêndice 5: Requisitos mínimos para instalar o Zentyal

ZENTYAL PROFILE	USERS	CPU	MEMORY	DISK	NETWORK CARDS
Gateway	<50	P4 or equivalent	2G	80G	2 or more
	50 or more	Xeon Dual core or equivalent	4G	160G	2 or more
Infrastructure	<50	P4 or equivalent	1G	80G	1
	50 or more	P4 or equivalent	2G	160G	1
Office	<50	P4 or equivalent	1G	250G	1
	50 or more	Xeon Dual core or equivalent	2G	500G	1
Communications	<100	Xeon Dual core or equivalent	4G	250G	1
	100 or more	Xeon Dual core or equivalent	8G	500G	1

Printed by Books on Demand GmbH, Norderstedt / Germany